清末民初文獻叢刊

奇觚室吉金文述

（上册）

［清］劉心源　著

朝華出版社
BLOSSOM PRESS

圖書在版編目（CIP）數據

奇觚室吉金文述 ：全3册 /（清）劉心源著. -- 北京 ：朝華出版社，2018.9

（清末民初文獻叢刊）

ISBN 978-7-5054-4301-3

Ⅰ. ①奇… Ⅱ. ①劉… Ⅲ. ①金石－拓本－中國－古代－圖録 Ⅳ. ①K877.22

中國版本圖書館CIP數據核字(2018)第173940號

奇觚室吉金文述（全三册）

作　　者　[清]劉心源

選題策劃　楊麗麗　尚論聰
責任編輯　趙　倩
特約編輯　孫　開　齊　芳
責任印制　張文東　陸競贏
封面設計　劉敬偉

出版發行　朝華出版社
社　　址　北京市西城區百萬莊大街24號　**郵政編碼**　100037
訂購電話　（010）68996618　68996050
傳　　真　（010）88415258（發行部）
聯系版權　j-yn@163.com
網　　址　http://zhcb.cipg.org.cn
印　　刷　藝堂印刷（天津）有限公司
經　　銷　全國新華書店
開　　本　880mm×1230mm　1/32　**字　　數**　482千字
印　　張　47.25
版　　次　2018年9月第1版　2018年9月第1次印刷
裝　　別　精
書　　號　ISBN 978-7-5054-4301-3
定　　價　350.00元（全三册）

出版前言

中國自一八四〇年鴉片戰争以來，傳統的農業文明在西方的堅船利炮轟擊之下徹底被顛覆，有擔當的知識分子苦苦追尋，思索社會改革的途徑。從最初的『師夷長技以制夷』到『民主制度，天下之公理』（梁啓超語），他們發現要『强國富民』，首先要『開啓民智』，衹有民衆擁有了獨立思想和批判精神，國家纔能實現真正的强大。在此後一百年的時間裏（一八四〇—一九四九），思想者們從社會變革深入到國民性的改造，用每一部作品見證着中國近代化的遞變歷程。這是一個極其重要的時代，《清末民初文獻叢刊》正是收録了這一時期的作品，大部分書籍都是早期版本，有着極高的文獻研究價值。

清末的中國經歷了『三千年來未有之大變局』（李鴻章語），大清王朝面對西方列强的艦炮，表現得驚慌失措。尤其是鴉片戰争，使『天朝帝國萬世長存的迷信受到了致命的打擊，野蠻的、閉關自守的、與文明世界隔絶的狀態被打破了』（《馬克思恩格斯選集》）。一批士大夫知識分子，尤其是在歐美諸國擔任使臣或者游歷的知識分子最先覺醒，着眼于對西方國家的考察，進而反省本國政治制度的劣勢，可以視作『啓蒙』的端倪。如曾擔任駐英公使（兼任駐法公使）的郭嵩燾在《使西紀程》中以日記的形式記録了自己對歐西諸國的觀感，他在考察了英國的政治制度之後，發現英國政府官員收入超過三百磅者與普通老百姓一樣同等納稅，他說：『此法誠善，然非民主之國，則勢有所不行。西洋所以享國長久，君民兼主國政故也。』他明確提出了『民主』，在國家的管理問題上，人民也有參與的權利。他在該書中所披露的西方政治、經濟、文化等領域優于大清帝國這一事實觸動了保守派的神經，立刻遭到保守派群起而攻之，進士何金壽彈劾他『有二心于英國，欲中國臣事之』，他家鄉湖南的民衆對他更是痛加詆毁，以至于滿城揭帖，誣蔑他『溝通洋人』，在這種群情洶洶的情況下，朝廷最後下旨將《使西紀程》毁版，從而使該書成了禁書。然而，書雖被毁版，却不能堵死民衆的傳播與閱讀的途徑，上海的《萬國公報》依舊連載該書，張佩綸曾說：『朝廷禁其書，而新聞紙接續刊刻，中外傳播如故也。』從某種意義上來說，啓蒙是時代的需要，盡管清政府發諭旨禁了該書，民衆乃至一些朝廷大員却依舊在私下閱讀，以便瞭解外部的世界。進步的社會是開放性的，任何企圖『閉關鎖國』的努力都意味着歷史的倒退，衹有開放，與整個世界文明保持同等的步伐，纔能實現真正的强國之夢。當大批知識分子走出閉鎖的國門，親歷了文明的洗禮之後，也就把啓蒙的智識帶回了中華大地。容閎的《西學東漸記》，梁啓超的《新大陸游記》，崔國因的《出使美日秘日記》等一大批作品介紹了海外諸國的政治、經濟、軍事、外交、文化。雖然這些作品在認識上仍然帶有時代的局限性，然而却是那時最爲珍貴的聲音。

另一方面，在學術上，中國文化母體內『經世致用』思想與資產階級思想相結合，也喚起了變革，以康有爲、梁啓超爲首的改良派試圖通過自上而下的革新以實現變革。康有爲的《新學僞經考》《孔子改制考》就是借經學之表論資產階級學說之裏的著作，康有爲的弟子梁啓超更是通過《新民説》一書提出國民性改造。與早期啓蒙者『師夷長技』的器物文明引進不同，梁啓超上升到形而上的精神領域，從文化心理上更加徹底地進行變革。梁氏是清朝末年到民國初年一個橋梁式的人物，被譽爲『輿論之驕子，天縱之文豪』，其影響力不但在學術領域，同時還在文學領域，他所倡導的『詩界革命』得到了譚嗣同、黄遵憲、丘逢甲等人的響應，黄遵憲的《日本雜事詩》，丘逢甲的《嶺雲海日樓詩鈔》都體現了這種主張。這一主張要求反映新的時代和新的思想，用『我手寫我口』（黄遵憲語）的方式直抒胸臆，對長期占詩壇主流的擬古主義、形式主義産生了巨大的衝擊，解放了寫作者的心靈和頭腦。

與社會變革同步的是早期對西方思想著作的翻譯，這裏面影響最大的是嚴復，他翻譯的《天演論》《社會通詮》等書直接孕育了民國一代的知識階層。魯迅、胡適等人在文章中都曾提到《天演論》對他們思想所産生的震撼。與嚴復略有不同的另一位翻譯家是林紓，他的譯作雖然參差不齊，但却在更細膩的心靈層次對讀者産生影響，許壽裳曾回憶，他和魯迅都熱衷于林譯的小説，如《巴黎茶花女遺事》《黑奴籲天録》《迦茵小傳》等作品。

辛亥革命之後，進步社會思潮成爲主流，比之清末思想啓蒙者『求存』的追求，民國以來的知識階層深入到了更加細微的肌理，一方面呼喚社會變革，另一方面進行點滴的建設，革命并不能使所有的一切一蹴而就，在更加深廣的領域，事物的改變是由微觀而宏觀。通俗地説，比之于革命，建設的意義更大。如《中國商業史》《中國教育史》《中國倫理學史》《中國哲學史大綱》《中國小説史略》等一大批作品都是進行系統的梳理與建設的理論作品。其中，以胡適和魯迅二人的影響最大，他們的作品一紙風靡，從而成爲新文化運動的主力人物。

《清末民初文獻叢刊》收録的文獻大致上可以分爲三個階段，其中龔自珍、張之洞、魏源、郭嵩燾、薛福成等人的作品可視爲『早期啓蒙』，康有爲、梁啓超、黄遵憲、嚴復、林紓等人的作品可視爲『中期啓蒙』，胡適、魯迅、蔡元培等人的作品可視爲『晚期啓蒙』。當然，這種劃分并非嚴格意義上的，大部分啓蒙思想者隨着時代的變化，其思想在不斷進步。縱觀整個近現代史，可以發現，要求變革不是在某一個領域，由某一類人發起和完成的，而是全社會的要求。變革，已經成爲全社會的共識。

從清末民初的文獻中，我們能够發現一種豐富性。這些作品涉及政治、經濟、軍事、教育、外交、宗教、心理、情感等方方面面，從内而外地净化着中國兩千年以來的封建積習。它不衹是對社會的改造，更是對人心靈的重塑；它首重國家社會之建設，同時亦重靈魂心智之唤醒；它是宏大的，也是微觀的；它是嚴肅莊重的，也是活潑靈動的；這些作品結構精巧，思想內容深刻，擁有濃厚的人文主義色彩，對推動社會主義建設，實現中國夢有重大意義，是近現代中國一百年來最宏富的智識與情感的寶藏。因此，整理這些文獻作品，無論是出于資料保存的目的，還是爲圖書館提供資料副本，都有不可估量的意義。

特定時代下的文獻，當它一旦形成（既指草擬，創作的完成，也指其成爲一個載體），就不可再複製了，也就意味着它將面對消亡。對于文獻資料而言，越接近歷史事件發生的時代記録，越具有研究價值。文獻本身具有不可再生性，它衹會消亡，而不會增多。盡管文獻本身的文字可以保留下來，并進行傳播，却失去了當時的時代氣息。當時的作品可能在技巧上，文字的成熟度上不及當代，但它所負載的信息，創作者的情感都反映了當時的歷史，也就是説，它具有不可替代的歷史意義。

影印的版本有三個特點，第一是擁有文獻的『原始性』；第二個特點是『未經改動的』；第三個特點是『歷史的原貌』。所謂『原始性』，也就是説，它是第一手資料，而非轉述的，回憶形成的；『未經改動的』，是指未被篡改、删節、挖補的；『歷史的原貌』是指在影印製作過程中，完全依照文獻的原來模樣……這樣製作出版的作品，無异延續了文獻的壽命。

近現代思想史上的一個最重大的思潮就是『開放』，從林則徐的『開眼看世界』到蔡元培的『兼容并包』，都是在倡導一種開放式的胸襟。而《清末民初文獻叢刊》最有魅力的部分就是『開放』這一主題，祇有融入到世界文明發展的進程中，中華文明纔能歷久彌新。

《清末民初文獻叢刊》編委會

二〇一七年四月十四日

凡例

一、《清末民初文獻叢刊》（以下簡稱『叢刊』）爲影印本，舉凡所用之底本，均爲該書之早期版本。有清末刊本，亦有民國印本。

二、《叢刊》均依底本影印，未予删改，僅代表作者個人觀點，不代表官方立場；原刊本有誤，不予校改，以保留文獻之原貌。

三、《叢刊》所用之底本，因時日久遠存在漫漶的情況，均進行了修復；底本闕文、印刷不清，均保留原貌。

四、爲讀者閲讀之便，《叢刊》中之舊底本目録未標記頁碼者，編了目次；原底本有頁碼和目録，未予重複編目。

五、爲保持文獻的原始風貌，影印本保留了原書書影（原書爲多册，則保留第一册書影）、扉頁等信息。所用底本無相應信息者，則不予妄添，以免錯訛。

目録

上册

中册

下册

奇觚室吉金文述敘

老友劉幼丹官御史時成古文審八弓其後益多若干弓曰奇觚室吉金文述光耀于是歎天地于文字盛衰倚伏之迹甚神啟佑我後人無窮也易曰上古結繩而治後世聖人易之㠯書契百官以治萬民㠯察文字為用大矣哉然而蒼頡古文日晦篆籒而下每變而失眞漢盛時諸經大師盈廷識古文孔子國司馬子長張子高等十餘人而已許叔重說文解字明六義善矣然專祖小篆略于古

擂唐宋人為說文之學者又不精
本朝諸儒起廼精段玉裁集大成遂人言說文
補拾遺漏則可矣波無能愈玉裁然而得河原
至昆侖未至星宿海未為善得河原抑吾重有
慨者自西人通商于是有英吉利二十六字母切
為語言文字在官者繙譯習之其在民閒市井
賈人與之交易洎吾民窮無賴不得已為之斯役
所謂西崽者日用習焉非士大夫業也中國相驚
為西學日趨苟便目為中國文字繇從西人文

㠯為䌛取西人訟獄記供之物三十二字母俓强一點畫鉅細長短衺正為體蓋中國市井賈人記數之物也烏濕為字羅馬古文所存碑碣即中國科斗書由人㠯為東方傳來是由人本字濕諸中國變而苟便㠯至是則猶㠯為䌛强一弱一縱平直反側左右易位凡十有八畫為字母㠯為能盡切天下方音古文教中國媍孺無不識字半日通夫六義為用音無定形義有定由音切中國字音而已非形義通英吉利二

十六字母尚不能盡切中國字多疑佀髣髴
之病如劉栁溜特一音不能分而三故兩人譯
一西書各以意測必不能同明西人字少無專
形義猶滿洲譯中國曰衙門曰道曰題曰奏者
無兩名謂十八字母能盡天下古文方音信乎誠
貴簡易者則十八字母吾猶以為蘇何不如吾
上古結繩半日通文字吾猶以為鈍西人之嬰
何不生能言舉世狂惑鹵學之日逞私智妄作
戚棄先聖人文字之形義即其音之僅乃可切

者亦淆亂而失眞文字之變而衰也不其盡乎然而天地則于其時大出鍾鼎古文又生阮潘陳吳諸大有力者濬嗜明辨聚其器物而權輿其說解紹郭歐黃薛之學使幼丹親見古器精拓神解眇悟衆證其義集古文之大成猶段氏治說文遂人言古文補拾遺漏則可矣決奄能愈幼丹光耀癸巳在泉恒大言曰幼丹于古文數千年絕學也是時都中號爲通儒博學者殊惡是言然而莫余難光耀度奄它能

能辨宋呂來毀經之說而已鄉爲古文尚書正
辭自呂爲奇作足玆幼丹書有能攻辭吾吾
即叩頭謝過焚吾書無應者又嘗從幼丹宅
大安南營造廳山左笏卿南半截胡同歙同車
而驅過菜市列肆連雲尋尺之地罔弗貴後
有善賈布財貨之地幼丹謂余曰學在今諸家
有人有如賈于斯吾與子何奪浮地然以世俗
之見光耀自譽不可也光耀善幼丹譽幼丹亦
不可也雖然人自有心肝耳目烏庸余言余

歐呂爲數千年之後脫古文不大出即幼丹
有絕人之才力而無資古文大出而無大力深
嗜精辨如阮吳潘陳者聚其器物將散失數
敗是愳幼丹仍無資光耀于是歎天地于文
字盛衰倚伏之迹甚神而啓佑我後人無窮也
光緒丁酉七月江夏吳光耀敘奉節張朝墉書

奇觚室吉金文述二十卷皆古金器銘辭嘉魚劉先生所甄錄也星海三代渟豬秦漢媵以唐宋殿以金元拱揖三千載屭續十萬言蔚然大觀也

先生擩真契靈劬學媚古豪气詄蕩手拂虹霓雄文瓌奇珮摘星斗尤癖金薤博證瑯函胸篆吞丹歎欲蛟蟜之气衿袂漬墨經究雲靁之文迴溯登詞館陟諫垣以迄憑軾蜀郡建節江右

銜鼓乍歌摩挲舊銅俸錢偶贏椓檖貞錢畝禹錯茵枕之隙巷卣位案牘之閒壹紙鉤極點指著漆燃藜校錄髭筆成冢搜采之勤蓋數十年如一日爲嘗致古人之鑄器也盥盤澡德讜鼎彝心大則鐘鏞紀功小則盂鏡奩用下逮饔飧常具必寓箴銘杯箸徽物亦致頌禱允手澤所貽是資觀感是以歐趙之錄銘摹於前洪鄭之編年盡於後吉金之尚舊矣然而贋本盡心剿

蝕棘吻或懵六書之旨或彤象議之歧或執隸楷認古文或憑俗訓箋奇字是猶航斧達海螫坏蟻嶽也嘻惑矣

先生酣志篆籀瑩矚訓詁贍豕滂喜凡將諸篇蚘影鳥跡蟠遍各體疏一字則千言未已析一惑則層霾頓開又復坐六經以亭疑會諸史而盟信折時流群訌之嶽躡往指未闢之畦點畫偶殊軍思積歲形體或閡邪幡群書輾轉輟其餐

眠鬼神贄於竈蔓夢錢撾手折斗室恢於八荒金鑑胸懸寸睫明於二曜識力之大劈華岔嵩蒡櫟之精鏤塵雕影鶱鸞鳴而群吭寂騏驥嘶而萬馬喑洵是空前古絕來今矣比以丐求日衆爰仿泰西之影搨代洛陽之紙貴藉以饜群欲而餉蓺林甚盛舉也烏虖日月代謝陵谷易遷一器之遺姓氏不蝕千載之下磬欬如新然則是編之成固將儷琺球畫絜壽河嶽也豈不懿

歟

光緒歲次壬寅仲冬北平陶鈞序漢陽李鳳高書

奇觚室吉金文述卷首

目录

樂鼎
从鼎
勬父鼎
杞伯鼎
犀伯魚父鼎
珽鼎
陳侯鼎
霸姞鼎

二之鼎文二

師𩁹鼎
征人鼎
師眢鼎
貄鼎
趠鼎
仲師父鼎
鼉侯鼎
無叀鼎
鬲比鼎
頌鼎
曶鼎
克鼎
盂鼎
毛公鼎一
毛公鼎二

三之敦文一

啚敦
朋敦
戍敦
癸山敦
𣪘敦
父癸敦
伯魚敦一
伯魚敦二
秝敦
魚敦
𩰫敦
父丁敦

無曩敢　畢段敢　師遽敢　史頌敢

追敢　天無敢　陳侯因資敢　豆閉敢

彔伯戎敢　頌敢一　頌敢二　頌敢三

師酉敢一　師酉敢二　師酉敢三　師寰敢

右伯虎敢　非敢　不嬰敢

五之尊彝簠簋匜文

此尊　己尊　足迹尊　冉尊

象尊　覃尊　祖辛尊　父己尊

參尊　子尊　四合尊　魚尊

父辛尊　商尊　員父尊　廱公尊

趣尊　北伯尊　史工父尊　匽尊

六之卣觶角觚觥壺罍盉釜鍑盥盂文

旨卣
父己卣一
父己卣二
矣卣
亯卣
旅輦卣
婦𢓊卣
寶卣
父庚卣
父癸卣
父戊卣
父丁卣一
父丁卣二
祖己卣
論伯卣
考卣
井季夐卣
父乙卣
伯罰卣
責卣
伯隻卣
向卣
祖癸卣
伯睘卣
豚卣
盤仲趚卣
小臣兒卣
𦎫卣
叉卣
貉子卣
農卣
效卣
癸觶
子觶
祖丙觶
祖戊觶
父乙觶一
父乙觶二
父己觶一
父己觶二
父己觶三
父庚觶
父癸觶
責觶

七之爵等文

古爵二
古爵三
宀𣪘一
宀𣪘二
鬲𣪘
囯爵
丙𣪘
雀𣪘
魚𣪘
木𣪘
髙𣪘
子孫𣪘一
子孫𣪘二
山丁𣪘
丁冊𣪘
矦亞𣪘
冊乙𣪘
杀𣪘
祖乙𣪘
祖丁𣪘
祖戊𣪘
祖辛𣪘
父甲𣪘一
父甲𣪘二
父乙𣪘一
父乙𣪘二
父丙𣪘一
父丙𣪘二
父丁𣪘一
父丁𣪘二
父丁𣪘三
父丁𣪘四
父丁𣪘五
父丁𣪘六
父戊𣪘一
父戊𣪘二
父戊𣪘三
父己𣪘一
父己𣪘二
父庚𣪘
父辛爵一
父辛𣪘二
父癸𣪘一
父癸𣪘二

父癸𣪘三　父癸𣪘四　父癸𣪘五　父癸𣪘六
中虢爵　唐子𣪘　主庚𣪘　戈仲𣪘
史父𣪘　乙公𣪘　虒𣪘　伯𣅀𣪘
彙婦𣪘　𦬇𣪘　癸旻𣪘　孟爵
明彝　父丁彝　冐癸彝　父癸彝

八之鬲鬵甗盤匜文

中姞鬲　寶鬲　宿妃鬲　艾伯鬲
鄭鄧伯鬲　郳始鬵　龔妊甗　伯貞甗
宓甗　亞矣盤　緟父盤　子國盤
德基盤　魯伯愈父盤　牙商盤　殷穀盤
拍盤　齊大宰歸父盤　父丁盤　齊侯盤

虢季子白盤　兮田盤　矢人盤　畀冊匜
黃中匜　穌甫人匜　周窒匜　圅皇父匜
孖商匜　伯冏匜　中伯匜　陳孖匜
[illegible]匜

九之鐘鎛文

雝伯鐘　皃鐘　己侯鐘　楚公鐘一
楚公鐘二　楚公鐘三　兮仲鐘一　兮仲鐘二
咊鐘　𧇡鐘　虘鐘　克鐘
儔兒鐘　井𡰥妄鐘　鄦原鐘　陸氏鐘
叔氏鐘　郘啟䵼鐘　虢叔鐘一　虢叔鐘二
師嫠鐘　𧇡仲鐘　中鐸　受鐸

叒女鐸

十之刀劍戈矛斧劉鑿文

十一之秦漢器文

漢張師帶鉤　漢金鋪一　漢金鋪二　漢鞹

漢染桮　漢斗檢封　王莽量一　王莽量二

王莽權　王莽軍相刀

十二之泉布文上

鏟形布 五十四品　方肩方足布 九十九品　方肩尖足布 五十四品　圜肩方足布 十六品

圜肩圜足布 十二品

十三之泉布文中

齊刀 四十品　趙刀一 九十五品

十四之泉布文下

趙刀二 四十二品　列國刀 一百八品　圜泉 八十二品　王莽泉 二十品

泉笵 四器

十五之鏡文

十七之補尊彝簠簋匜鍴文

虢叔尊　王田尊　伯山父尊　諸女尊
𧼈尊　執尊　倉尊　𠬪尊
般尊　嘉禮尊　旅彝　生彝
父癸彝　伯彝　寘彝　伯癸彝
冊婦彝　鐘王彝　夨伯隻彝　仲明父彝
遽伯睘彝　集咎彝　中義彝　王令父彝
庚姬彝　田彝　嗣土嗣彝　向彝
效父彝　居彝　三家彝　飤彝
宂彝　吳彝　靜彝一　靜彝二
縣妃彝　吉父簋　𡩜簋　伯其父簋
留君簋一　留君簋二　叔朕簋　𦱤簋

十八之補卣𣪘觶角觚壺鈚豆鬲鐈盉盞盤匜鐘鎛刀劍戈矛斧文

圜肩圜足布 三品　齊刀 十七品　趙刀 四十五品　列國刀 二十九品

二十之補泉布文下

圜泉 四百三十八品 坿王莽刀布

僕不癖嗇而癖篆官京師依二十易艸木寠為質裘被贖朾本外官頗益獵獲積十許寸厚隨手幡帋意有不安者輒湏雌黃亂稾淩雜委篋中殆不可目判讞段落一一櫛理作輟相間閱十霜寫成二十卷昔許祭酒敘說文云郡國山川往往得鼎彝其銘即前代古文世人大共非訾吕為好奇今此書皆古文也吾誠好奇有干非訾重吕時造曰新文字不運世流競學鮮畢語羣喙吾先

聖六書為迂遠諛崇二十六字母吾書益為裸繒戎髦矣抑元冬慘凜斁易養根柴瀛剗經之手蝌蚪匿壁後儒功之吾存此於天地間冷之區己待其人正欲當其無有轂之用惟采約遺緐未饜宏覽云壬寅冬十又二月朔日心源記

奇觚室吉金文述卷一

嘉魚劉心源幼丹甫學

鼎文一

康侯鼎

康侯丯

作寶尊

右國子監　文廟祀器乾隆三十四年　欽頒十器之一筠清館金石卷四釋丯為手近人或釋毛或釋屯或釋封案篆法手毛末筆皆不得作往形乇字

不从㞢（詳無叀鼎）釋封為是說文𡉚爵諸侯之土也从㞢（即之）从土从寸寸守其制度也𡉘古文封省寸𡊄籀文从丰（从土丰聲丰即丰）㞢部又有𡉘觧云艸木妄生也（妄即旺）从㞢在土上讀若皇（詳虢子敦）古音東陽相通封𡉘不妨叚用然封古文實當作𡉘从丰从土土古文土字（詳下文）籀文从丰从土蓋从古文之上下偏旁於左右耳說文丰从生下達也余㠯古刻及小篆偏旁从丰者證之如邦从丰說文作𨚵宗周鐘具見廿又六𨚵西亭鐥齊𨚵叔向父敦奠保我𨚵我家毛公鼎女辥我𨚵我家𦎧亘策乃𨚵所从之丰皆从㞢不从生此銘作丰碻是丰字（又詳矢人盤）毛公鼎宏我邦我家之邦作𨚵齊刀邦作𨛜皆爰丰从㞢古文凡直筆中作注形者小篆改為橫筆♦即十工即壬土即土个即午是也丰即丰（亦）其例古刻从丰之字既可从㞢知丰即𡉘即封矣書康誥小子封傳封康叔名書序封康叔于衛馬注康國名傳畿內國鄭注康為謚號世本康叔居康從康徙衛此銘云康侯丰作明像自作

則康非謚也不言衛矦封作器在克殷㠯前尊从阝古文阜字說文阜下未收而陳陸等篆古文从之古刻尊字多从阝不知何義向㠯為阝即阝謂手持之形然師𡨦鼎伯𨳈敢尊字皆从阝則非阝也竊意阜贊同缶古文段阜為缶后鼓文吾馬既騂即騂字可證玉篇罇字蓋有所本癸巳八月丁祭余与監儀恭觀是器明明鼎也而銘曰寶尊所謂本銘不言本器而言它器古刻變例攷訂家當觀其通耳

又攷石鼓文逢从丰亦一證也庚子閏八月廿日記

象形鼎

鼎

右濰縣陳壽卿介祺器銘一字兩耳三足象鼎形山左友人云壽叟藏器甚富恠手拓之氈椎楮墨之用師心獨得每拓一紙傳墨七八次精紗冠時嗜奇者珍購之此卷所收者皆是也

攼鼎

攼

右潘文勤師器銘一字近人釋作手執干案[illegible]象网形十其柄也是爲罕字說文罕網也文選羽獵賦注罕畢罕也月令注小而柄長謂之畢是也从又持之又者手也又持罕當是斁說文攴部斁止也周書曰斁我于艱今文矦之命作扞又宂敔罘吴罘[illegible]地名从干即攼字阮釋牧非說文未收扞簡攴部有[illegible]注云悍鄭珍箋正云當作捍余謂正篆當作[illegible]注作攼類篇斁或作攼是也

古文攴支又通用故[illegible]即攸毛公鼎[illegible]即敃師嫠敦[illegible]即敏竝可證

父癸鼎

父癸

右門人丁仲康贈本彧云潘師器銘二字父説文作[illegible]云矩也家長率敎者从又舉杖案許説殊粗古刻父字作[illegible]从丨小篆取其筆畫匀淨變从丨許吕為象杖形非也竊謂父者主持家政者也从又从丨丨亦聲丨即主字又者手也取其能持

倲鼎

倲 父乙

右鼎本銘三字□或釋子負物形案□从東三約之筠清館金石卷五約甬彝有□字攈古錄二之一釋作東父辛爵有□近人㠯為二乃弓矢形□橐無底束兩端形當是橐案㠯二為弓矢形說亦無據余謂□亦是東字說文東部□分別簡之也从束从八八分別也觀此銘从□知東非从八蓋束中連中直筆為三即□而橫書之□則省矣東實与冊同意本

義當是柬編乃簡之古文也𠂇即人字古刻又作亻小篆作人皆象人形世徒知子為子而不知𠂇為人與亻同與子異也說詳叔癸鼎从人从東乃倲字人名也字書未收偶遺耳古文不見字書者甚多吾見鼎文有𨊠倲之反形或釋子東鬲文有𨊠又反形或釋子車觶文有𤔔从東象縱橫約之之形或又釋子東蓋未合參諸器也

白鼎

白作彝

右陳壽卿器銘三字鼎銘曰彝又本銘不言本器而言它器之一證

父己鼎

○父己

右日照丁紱臣郎中麟手器銘三字上一字未詳

父辛鼎一

單○㗊

父辛

右丁仲康贈本銘三字筠清館金石四同范上作兩獸對跱形當是祭牲中一字未詳或曰庚字

父辛鼎二

父辛

方鼎

右潘師器銘二字

𢊁鼎

𢊁

父乙乙

吳潘師器銘四字上一字从广从[illegible]𢦏子尊[illegible]饕餮方彝[illegible]父丁卣[illegible]圖卣[illegible]茲与此同案亯即𩫏[illegible][illegible][illegible]爲爻體[illegible]則瑱賓書之[illegible][illegible][illegible]即[illegible]隸作丮今作丸者从丸从𩫏爲𩫖說文作[illegible]从𦎫𦎫𩫏通用古文較省詳齊侯敦伯

致散作𩰫可證丮（即丮之緐文叔弓鎛丮埶埶三字皆从丮）此銘广下从䧹广屋形當是塾之古文与虢季子白盤廟字同意説文未收新附塾下云門側堂也白虎通所㠯必有塾者何欲㠯飾門因取其名明臣下當見於君必先孰（即塾字）思其事也鄭珍新附攷云塾俗字古止作孰或謂東觀漢紀後漢書作埻為塾之本字墫之省字必源案如鄭說則塾不過為埻墫之緐文未是俗字集韻有䦨闉皆塾字也父乙又重一乙當是記日或曰記數

雍鼎

雍○

作旅

右潘師䧹銘四字弟二字未詳䧹說文作䧹从隹瘖省聲或从人人亦聲鷹籀文䧹从鳥據說解知今本奪譌其云从隹瘖省聲者則爲𤸰其云或从人人亦聲者則爲䧹是今本奪𤸰篆也䧹爲鷹古文从疒取其迅疾非瘖省聲𤸰非侵覃部中字何取瘖聲段氏據韻會訂改仍未允當此銘𤸰字即說文之正篆當讀應或是國名或是姓氏

寗母鼎

寍 母
父丁

右潘師喬銘四字女讀母古刻婁見寗母地名左僖七年經盟于寗母穀梁作寗母春秌釋例高平方与縣有泥母亭音如寗此鼎盖記地或曰寗姓也寗女為其父作此鼎故曰父丁

亞鼎

方鼎

亞中尊彝父丁

右潘師器銘四字畢尊二字宋人釋𢀛爲格上三矢酉爲尊㠯爲綦乙爲父皆非案

父乙鼎四 父辛鼎 舊鼎 婦鼎 亞鼎三 亞鼎四 亞鼎八 諸姛尊

亞尊一器 亞尊一蓋 亞尊二蓋 亞尊三 亞尊六 亞卣一器 亞卣一蓋 亞卣二

亞卣三器 亞卣三蓋 亞彝 亞方彝一 亞方彝二 亞孛彝 亞觶 亞角

亞鬳二 鬳敨 亞罍 呂上藍 清古鑑 酎父乙尊 亞卣 並積古 亞敨 吳窓軒器

諸器篆迹大略相同合證乃知酉即酋字變爲酉省爲𠂆𠃌子皆象酒器形

㠯乃下基所㠯承載者當釋基不當釋綦周礼司尊彝云尊彝皆有舟司農

注舟尊下臺若今時承槃即此㠯也田田非土田字田田田非卣字凵曰非口字曰曰皆變省者

也其作㠯㠯者乃古篆其作㠯者則小篆尊字下體从廾之所本也田即甾今作甾說

文東楚名缶曰甾古文作甾𠙹（當从）器刻作𤰔𤰔甾者即甾作田𤰔者即甾省爲𠙹𠙹𠙹𠙹豈格上三矢手下體从𠂆ㄐ即𠂆夎省爲乚乚𠃌人非文字也小篆畀作𢌿（从甲从左）器刻畀字不从甲（伯御卣古鑑伯畀卣啓卣）畀農（人名）弋正是从甾又如𦔶鼎畀畀成西亭鐳畀旨畀清曾伯霥簠具既畀方究敢畀冊命牀弓鎛畀百斯男（弓上畀字皆用爲俾）竝夎甾爲田實非田字曰此知小篆从甲之謬詳古文審亞尊●說文作丆（亦作个）小徐本云夏時萬物皆丁壯成實象形通訓云鐕也象形（段玉裁曰鐕爲釘）礼喪大記君裏棺用朱綠用雜金鐕注鐕所曰椽著裏疏鐕釘也器刻作●象釘形卒視之肖●盖古文釘字最初者也小篆丆亦象釘形立視之肖十千丁字乃借用非本義許說失之

⿰阝曾鼎

⿰阝曾作寶
䵼彝

右張筱農器從京都友人臧本橅入銘五字⿰阝曾人名从𨸏臣當是𨸏𠂤乃阜之異文古文形近者毋依稀為之小子師敔之師作𠂤帀可互證而得从𨸏𠂤者增高之象与土同意當是古文增字䵼玉篇云煮也亦作䰞又云鬺同䰞說文䰞煮也史記封禪書皆嘗亨鬺上帝鬼神注徐廣曰鬺亨煮也說文𩱧䵼鬺古刻有䵼𩱧䰞鬺韓詩于呂鬺之毛作湘段字也古文亦用將詩我將我享是已它器如尊敔多用䵼

獨毀敢云将敢邪敢云将寳知将叀古於鼎

旁鼎

旁肁作尊諆

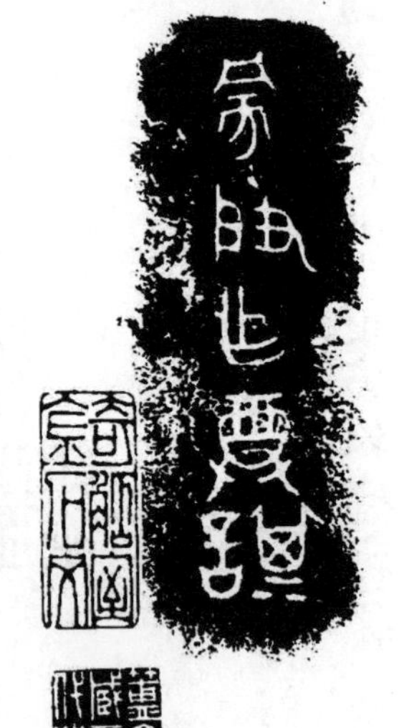

右陳壽卿器銘五字旁人名肁說文戶部云肁始開也肇始字本是肁古多通用肇肈或呂旁肁為人名余謂肁作連文猶春秋書初作也井季𩰫彝云肇作厥文考寶尊彝然甫敢敢肇作厥皇考公命

中尊彝伯家敔肇作皇考刺公尊敔魯士商𠭯敔肇作皇考林猷父尊敔邿鼎肇作孟妊寶鼎黃尊黃肇作文考宋伯旅尊彝德基盤肇作盤昶伯匜肇作寶匜皆其例也末一諆字當是地名令鼎云諆田其是歟

釐鼎

器　文

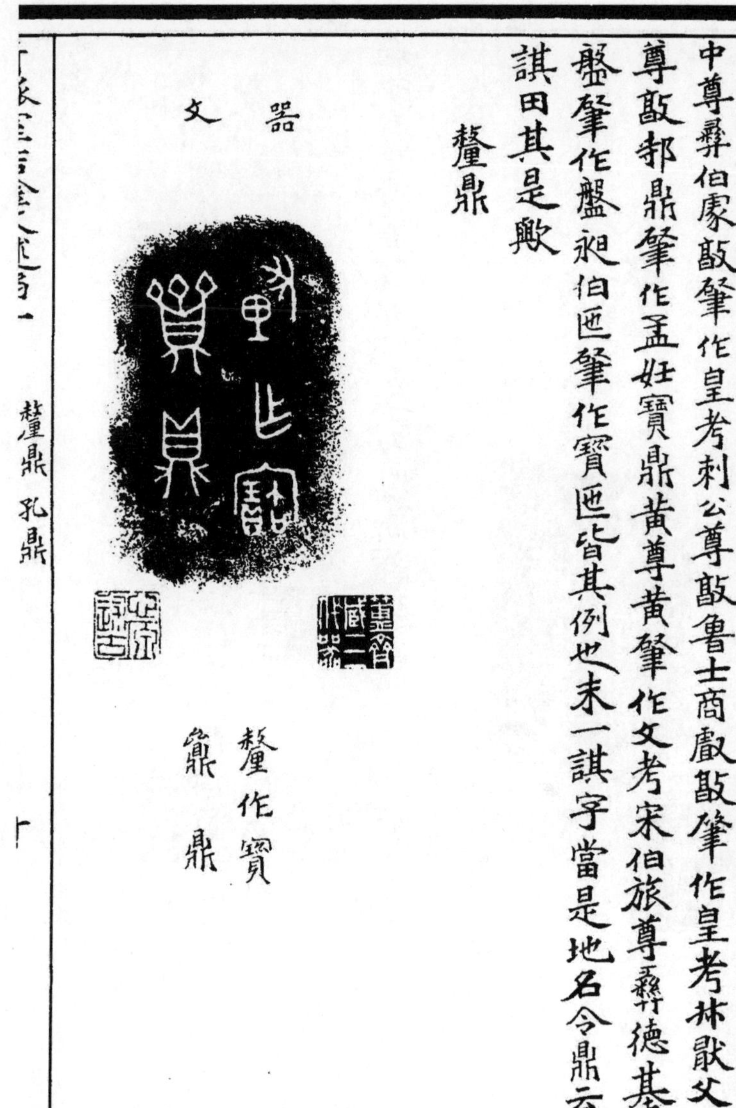

釐作寶
鼐鼎

盉 文

釋同前

右陳壽卿器銘五字盉文同鬳詳趠鼎

孔鼎

孔作父
癸旅彝

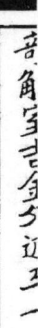

右陳壽卿器銘六字孔人名曲即輂乃瑚槤字詳蓋伯鼎

伯魚鼎

伯魚作
寶尊彝

右陳壽卿器銘六字此本鼎也而銘云尊彝名本銘不言本器而言它器之一證

叒癸鼎

叒癸追
受丁旅
亞中

右潘師器亞中銘文六字釋者異說今即篆形相類者撫入呂資取證如

叒癸鼎一

叒癸鼎二

叒癸鼎三

叒癸方鼎

叒癸甗

並西清古鑑

亞形立旂彝

亞形句兵面

亞形句兵背

並攈古錄

已上篆迻略同說文叒日出東方湯谷所登榑桑叒木也象形籀文作□汗簡邑作□此从□从□即鄀也古刻有鄀說文邑部無蓋併於此古刻作□盂鼎王若曰□鄀公敔偁蜀皆从三屮象若木枝葉形此从□□三屮也其省作□□者仍是三屮作□者乃从□□之足三屮即□或釋毋非古文用若故叒木作若木也若字當入口部云从口叒聲說文入艸部作𦱤云从艸右誤將三屮分割矣此銘叒姓癸名當是若鄀婼三字之省世本居蒻若水允姓國昌意降居為侯氏姓蒻鄀允姓國秦入之婼姬姓之國黃帝之子昌意降居若水為諸侯此其後也張澍云水經若水出蜀郡旄牛徼外東南至故關為若水注九州要記舊之臺登有僰諸川巂武山黑水之閒若水出其下即黃帝子昌意降居于此又案杜預曰昌意所封在鄀鄀乃襄州樂鄉非是南郡之鄀允姓為秦所入者世本曰若水為允姓誤又云晉志鄀南郡鄀縣鄀子國春秋會盟圖曰鄀為

若水蓋不知𡛟鄀若之有夵也然則此𣪠之未可肊斷矣𠂢即𨑨省丿為乁省即辵省詳下文

邎受丁之人名說文𢍏部𠬪从𢍏舟省聲古刻作𠬪盂鼎受天有大命𠬪頌鼎受冊佩以

字出从舟不省此从𠬪即𢍏从舟即舟也㫃自宋人釋為子執旗沿譌至今

幾成錢案不知即旅字也說文作㫃从㫃从从从俱也此从㫃即㫃古刻作㫃小篆作㫃

从𠂉象形人字也古刻人作𠂉小篆作𠂉皆象人俛身側立与𠂉無異小篆以𠂉象人身即𠂉以丨象㫃手即𠂉世以𠂉㫃當之遂釋為子鐘鼎家耳食篆學陳陳相因無一

糾正者可謂疏矣且既定為㫃𠦝子何以不釋作斿而必曰子執旗甚無謂

也案㫃者旗也从在旗下為二人竝是軍旅字即伴侶字樂記旅退旅進注旅

俱也贊類旅伴侶也是也侶俗字說文無徐氏收入新附非也此从一人与从从同意伯晨鼎虢旅作㫃

又旅弓旅矢字亦如此作大司工簠旅簠作㫃𡌥伯鼎旅𩢍作㫃竝可證古文旅有从人者世

人習為不察耳以此知婦鼎㫃亦是旅皿二字矣旅皿猶言祭器与旅鼎旅𣪘一例此又从丿乃

辵字乚為彳省𣥂為止也說文止下基也象艸木出有址故㠯止為足桒說解牽合艸木與人足為一無理也許㠯艸木解止者蓋本𡳿[illegible]二字為說不知辵走从止於艸木何與止實趾之本字故為下基古刻从止之字本作𣥂如矢人盤涉字道字武字皆然盖𠂇象手𣥂象足故其形同也足形為止太保敦[illegible]字可證（王降征命于太保）又婦𨔛（即津）卣𨔛字所从之辵器文作[illegible]乚蓋文作[illegible]乚（篆浛亻作[illegible]即此）[illegible]（篆浛亻作[illegible]即此）皆彳乚[illegible]𣥂皆止䜌鼎還遻字从彳[illegible]（尹令䜌叜還雒）可證乚𣥂為辵矣从辵从旅之遊字書不載而樂嗣徒卣[illegible]卣曾伯霖簠[illegible]簠伯其父簠[illegible]祜陳八〇子奪[illegible]奪（伯貞奪作[illegible]从止从辵者）竝可證旅有从辵者此當行旅字古刻用為旅祭字耳𤕌弓鏄斁餘三軍徒[illegible]从遊字王𢀊驛衕近人釋從皆非古刻[illegible]从省作[illegible]乚（非止字）曾伯霖簠遊字从之說文古文旅作[illegible]正从止（𤕌弓鏄齊侯𦉥用旂為祈从[illegible]从斤說文近古文作[illegible]从是段用旂）許云[illegible]古文㠯為魯衛之魯又者下云[illegible]古文

旅字郝公望鐘呂者為諸篆作𦾔（呂愷諸士）知𣥺即者字者从古文旅故者即旅𣥺即遊也攷古刻者不細采篆形吾未見其通矣此銘文意蓋云叒癸追薦受丁之旅鼎耳

台鼎

台作隁中
寶尊彝

古鼎

右潘師器銘七字見攈古錄二之一台作器者名隁从阜字書無

太保鼎一

太保鑄

右張筱農觀察蓄銘三字遂黃再同編修藏本橅入攈古錄一之二太保鼎文同筠異二之一又一彝引許印林說曲阜孔氏有太保鼎銘三字作大保盬濟寧鍾氏有大保鼎銘亦三字作大保盬吕爲皆鬲字心源案一之二釋鼎文盬爲鑄則盬盬亦鑄也邾公望鍾盬鑄辪龢鍾邾公䥫鍾盬用鑄厥龢鍾鄦子妝簠盬用鑄其簠西亭𨰿盬鑄西亭寶𨰿居彝盬盬余鑄此鋼竝从

皿从鬲省从火知古文鑄㠯鬲火皿象鑪槖鎔化之形也據鄧始鬲云鑄其羞鬲則鬲當从臼鬲說文作鬲收入爨部云从爨省蓋未得其原也安知爨非从鬲省乎典即[glyph][glyph][glyph][glyph]古文火字鄭伯鼎鄭字然虎敢然字並从山[glyph]与鍾氏鼎文同从鬲即鬲之省臼者从小[glyph]古文火字麥彝光厥政事之光作[glyph]从小是皆鑄字兵曰思楚公鍾[glyph]自鑄木[glyph]錞鍾孖商匜[glyph]鑄匜从鬲皿金[glyph]形眘皆備旅虎簠[glyph]鑄其寶鈷則省皿从火叏伯鬲[glyph]鑄鬲于[glyph]則省[glyph]守敢[glyph]用作鑄宏仲寶敢則省金[glyph]皃鍾[glyph]㠯鑄穌鍾則省鬲省皿省火小篆㠯之作鑄者也保从任詳後一器

太保鼎二

備作
尊彝　太保

右潘師器銘六字積古㪚款識五攈古一之三太保彝皆文同范異冓人名阮釋予吳釋共吳又引許印林說薛書伯姬鼎𢀛釋恭阮書寰盤𢀛釋共〻名恭也此字右畔與伯姬鼎寰盤同左畔加亻而釋為予定非是然亦非共非恭薛書乙酉父丁彝有僃字釋遘與此特筆畫小異當即一字案許說是也吳書二之一有太保彝與筠清館金石五同其首一字作𠕁釋典非典从冊在丌上从曲非冊不得目隸楷說古文也𠕁為𥃹省即鑄字彼蓋言鑄作寶尊彝義與此冓為人名不同也鑄詳前器保从任說文任保也左傳不能保任其父之勞故古文保从任西亭𩟈永𠈃用之齊侯敦永𠈃用之汗簡人部引古尚書保作𠈃又引石經保作𠈃皆如此也攈古二之一太保彝作[illegible]

衰鼎

衰作父
癸寶鼎

右陳壽卿器銘六字攈古一之三同笵衰人名讀如趙衰之衰說文衣部作𧘝解云艸雨衣秦謂之萆从衣象形古文衰今用為盛衰縗經字而加艸為蓑衣字不知許云象形者正謂𣎵象艸衣毿毿然也或云𣎵為冄字說文作𣎵解云毛冄冄也象形此冄亦人名

徐籀莊謂此父癸為周初兼用殷禮求深反晦此公解古刻文字多泥不可從 壬寅三月朔技

父戊鼎一

子孫作
父戊彝

右潘師器銘六字子象人形孫象孩兒形此二字亦可讀孫子說文戊中宮也象六甲五龍相拘絞也案六甲五龍之說與篆形不相應通訓定聲呂矛下古文作戕與六甲五龍之說近謂戊爲戕省是許說

六甲五龍當入戟下說文為後人所亂故說解与篆形不相應然戟之後出字戊實非戟省竊㠯戊既从戈本義當為兵器㠯戟字推之戊即矛之古文矛戊一聲之轉十干戊乃借字中宮之說仍与篆形不合許又云戊承丁象人脅此乃太一經附會語試思戊篆作戊有何一筆象人脅哉

父戊鼎二

右鼎

父戊

右潘師器銘二字

叔鼎

叔作○○
宗彝

右潘師器銘六字作下蝕二字彧是一字案圖清古鑑毛伯彝公史京宗彝齍攈古錄三之一匜簠有𩰫字皆与此同疑𩰫之異文古刻用為允者也齍字皿上从𠧪乃𪗉字說文齊部𪗉等也从齊妻聲心源已為古文齊字石鼓文吾已鑣于原隰从𪗉可證礼郊特牲壹与之齊

終身不改故夫死不嫁即此从齊从妻之義說文妻下云婦与夫齊者是也鄦敢䶒黃即齊黃益可證䶒爲齊也从䶒从皿仍是齍說文齍黍稷在器曰祀者也乃齊盛字鼎非其用當是䵼从皿与从鼎同意宗齍猶言宗彝宗器耳

寶鼎

鼎其用

作父己寶

右潘師器銘七字左行讀用字說文亦从卜中先輩吕从用不佀中疑許說未允心源案用乃古刻凡字詳鄭同媿鼎用葢从卜凡凡亦聲也壬寅中秋校

堇伯鼎

堇伯作旅輂

尊彝

右陳壽卿器銘七字攈古錄二之一堇伯彝也堇伯人名堇或讀鄞說文鄞會稽縣是也旅从人詳叒癸鼎輂从𨏥中⊕象車箱上下兩⊞象兩輪十十象軸轄并象車前橫木二人牽挽之形所謂輅音核也史記婁敬

傳脫輓輅注一木橫遮車前二人挽之三人推之說文輦輓車也从車从㚘即伴字
在車前引之皆謂㚘也自宋人釋為旅車鮮者不能審定篆形以訂其
譌乃引周禮齊車為說蓋不知㚘為何形何義矣案它器輦字或从㚘父甲彝㚘觶弆㚘尊仲柬㚘鬲角㚘彝契㚘卣㚘尊中叔㚘卣豈鯀省不同皆从二大所謂二
人挽之者也又有[旅]鬲鼎[旅]廣彝卜即旅省下象三人推車形在〻与輦字相合
盖㚘乃二大字橫書之二大即二夫古文夫大通用莊子田子方釋文司馬
云夫夫大夫也一曰夫夫古讀為大夫今攷繹山泰山琅邪刻石大夫字皆
篆作夫〓此夫大通用之碻證說文大象人形夫从大一夫大通用者同形叚借是則[輦]即輦也器刻
凡言旅輦即是旅槤猶尊曰旅尊敦曰旅敦皆謂祭器說文槤瑚槤也瑚乃俗字本字仍从人曰瑚从玉而槤乃改為从玉从連之字古文止用輦别雅胡輦是簠洋郡公識簠
瑚璉也引韓勑碑修造禮樂胡輦器用又引隸釋云胡輦者瑚璉也又

引明堂位釋文㯄本又作連段玉裁以吕連為輦古刻無从木从玉之字故吕輦為祭器字此銘盖云作槤尊彝三器也鼎而銘曰槤尊彝之本銘不言本器而言它器之一證

鼜臨鼎

鼜臨作父乙
寶尊彝

右陳壽卿器銘八字積古𪚥攈古錄二之一敃吼鼎也余已載入古文審不復贅

甚諆臧鼎

甚諆臧肁作

父乙尊彝○

或曰臧肁乃肈之異形

此言肈作也詳旁鼎

右陳壽卿器銘十字攈古錄二之一諆臧鼎也甚為堪省姓也廣韻堪八元仲堪之後諆臧名諆說文云欺也疑諆為欺別體又有惎忌也引周書上不惎于凶德今多方作爾尚不忌于凶德古刻用諆為期王子吳鼎萬年無諆師寏敢執緯無諆是也肁作者肈作也末一字未詳或釋羊

婦鼎

旅皿婦尊

甲己祖丁父癸

左行讀

右武昌柯槑龕太守逢時贈本銘十字旅从人詳叒癸鼎旅皿猶言祭器也俘婦者廟見之器▼當是甲甲己記日也此銘明云尊而說文古籀補引此尊字注云祖丁父癸鼎據編于此是亦本銘不言本器而言它器也

鄭同媿鼎

奠（鄭）同媿作旅鼎其永寶用

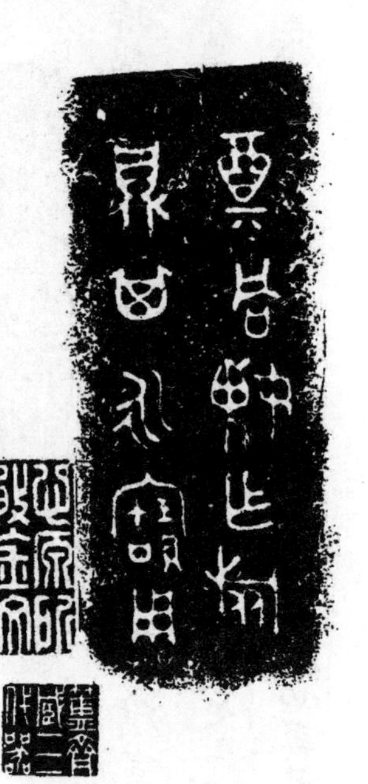

右陳壽卿器銘十字攈古錄二之三鄭同媿鼎也奠用爲鄭古刻通例同說文冂部作同云从冂从口吕冂口會意苗仙麓云冂聲此从凡非冂字吕頌鼎佩字作佩（受冊佩吕出）与說文佩字互勘知凡即凡字說文二部凡作𠘧云最括也从二二偶也从𠄎𠄎古文及案說解与篆形不相應此

必有譌如是凡許豈得收入二部云从二乎案風从凡古文風作凬从凡略与日近同文舉要凡作日猶能識古文也矢人盤有兩凡字前云曰十又五夫言矢人稽田界者如義祖等凡十五人後云曰𢿍有司十夫言𢿍氏稽田界者如戎段攸等凡十人釋者多不知是凡字向無頌鼎佩字為證不幾長夜乎余又目同之从日者證之如矢人盤封于𠭯道后鼓文吾馬既𠭯（吾本作避各家皆讀我詳樂石文述）同姜鬲作𠭯皆从日不从凡即目銅从同者證之如梁山銅作鋁（銅二斗銅）安成鼎作銅（安成家銅鼎）名不从凡惟會稽刻石人樂同則之同作同知小篆改从凡許氏據吕為說究非古也蓋同从凡口會意（凡者凡多也）名聲与風鳳芃等字一類矣（凡字入二部當作日云最括也从二从八八別也物類一則約二則紛別其紛吕歸於要故爲凡）媿說文女部云慙也重文作愧云媿或从恥省案愧从心無緣定為恥省玉篇耳部聭下云說文与媿同慙也乃知今本所謂从恥省者為聭也此銘同媿猶鬲文云同姜媿姓

也如林隗季隗皆當从女又集韻醜古作媿則人名同媿正如虢公醜耳吳子苾釋此媿為⿰女畏孜苘太子鼎云林⿰女畏伯舍敔云鄧孟⿰女畏彼皆釋⿰女畏集韻⿰女畏女字也是也

樂鼎

樂作寶鼎其
萬秊永寶用

右䢼本銘十字樂从倒絲異文也攷工記鳧氏兩欒謂之銑注故書欒作樂曾伯霥簠𣪘繼即假樂觀此銘樂字知其相混之由

从鼎

从作寶鼎其萬年子孫永寶用

右不知何人器遂門人丁仲康藏本橅入銘十二字

𠭯父鼎

方鼎

○王錫𠭯
父貝用作
厥寶尊彝

右潘師器銘十二字首一字蝕古鑑載錫貝鼎三器與此同文異笵其弟二器首一字亦殘弟一器作𢦏弟三器作休此鼎當與之同沙它器多作沙沙乃易字用爲錫或曰用爲賜𠭯古鑑弟一鼎作𠭯弟二鼎作𠭯弟三鼎作𠭯此作𠭯當是𠭯𠭯父人名此銘休字截句乃發耑歎美辭

与敄父敔同乁自宋人釋乃釋及至今相承余向亦沿譌孜說文古籀補乃下引邾公鐘乁字云江聲古文尚書逸汗簡改厥為氒汗簡氏部氒下注云厥出尚書許氏說氒讀若厥疑壁經乃字本作乁漢人讀厥遂改作厥今彝器無厥字心源案厥乃二字彝器中屢見後人不能辨概認作乃非漢人改乃為厥也說文乃作𠄎𠄎亦篆作云曳詞之難也象气之出難㔾古文乃多一曲筆又部及古文作乁乁与弓近故鐘鼎家謂乃及同字氏部氒木本从氏大於末讀若厥桀列子若槃株駒殺敬順曰槃說文作氒即氒字許於木部槃明云弋也弋下云槃也象折木衺銳箸形从厂象物挂之也桀亦作杙今之木椿也殷氏不引而已氒當之蓋知氒為槃之古文矣許所謂木本大於末正指乁千而言乁之乁益肖凡括适活銛等字皆从氒小篆如此隸書从千而氒乃無人識矣經傳厥字作其字解者乃俗字厥說文云發石也古文用氒亦俗字即槃亦作橛吾楚船戶泊船下椿謂之打橛即木本大於末者也器剌氏字作𠂎克鼎尹氏𠂎矢人盤師氏氒作乁見上故許云

氒从氏陳侯因資敦荅揚乁德多父盤ㄋ事利于辟王（或釋丂非）鄀公𢻱鐘𦋺ㄋ吉金姑馮句鑃𦋺乁吉金靜敦泊小臣泊ㄋ僕（余向釋作人非）吕及此鼎之乁莫不从氏是氒字也（即厥）古刻厥乁乃ㄋ二字文義皆通惟篆形不可捉（氏象岸堆落隋墜形故从乚氒字从此象折木衰銳形ㄋ吕一筆左右曲之象出气之難）今略舉二字同出一銘者證之如牧敦云乁紹庶有蛊（舊釋叉）又云伺𠷎乁皐召故（舊釋久）又云先王作明刑用于ㄋ紹庶有蛊又云ㄋ申政事又云今余惟緟亰ㄋ命二厥三乃不同秝ㄋ鎛云余經ㄋ先祖余既尃ㄋ心又云余[宏]猷ㄋ心又云虔卹ㄋ死事又云粵乁行師脊中ㄋ（即說文古文乃）罰又云ㄋ敢用拜䭫𦣻又云女康能ㄋ九事率ㄋ敵寮又云ㄋ命女弓又云余弗敢廢ㄋ命又云乁令師𠂢（人名）小臣惟輔二厥十乃不同（吕上舊皆釋乃）毛公鼎云[宏]猷乁德又云庸集乁命又云毀辟乂乁辟又云[宏]唯ㄋ智又云乁非先告父厝又云善效ㄋ友正又云在ㄋ

服[illegible]又云女弗以了辟𠂤于囏又云以了族扞敔王身四厥五乃不同盂
鼎云闢乁匿又云畯正乁民又云女勿剋余了辟一人又云井了嗣祖南
公又云錫了祖南公旂又云若敬了正二厥四乃不同寅簋云俾漫虘逐
乁君乁師舊釋故又云敬明了心又云善效了友納入辟又云乁非正
命又云了斧市赤舄此了為及三厥三乃不同互斠篆形豈得概認作乃向
見趙明誠古器物銘釋楚公鐘乁字反了名曰為故銘曰寅簋釋文本此近人釋復
丝鐘鼎款識楚公鐘夲之又引盄龢鐘為證不知盄龢鐘云乁名曰仍
是厥銘曰猶今碑文用其詞曰也厥者其也辪承趙譌所當糾正而反引之
何歟趙之釋故於篆法無稽亦不過望文生義所謂想當然耳器
敢云器作乁亦是厥字近人以作厥二字語未畢釋乁為匕謂是妣省
不知古人言簡意賅此即歇後語蓋就器言之乃是作厥敢也史𠂤彝云

作寶器文止此二字蓋文為史𠂤作三字又鼎文云作孟姬亼是此意何勞釋乁為妣呂求通乎作匕語亦未畢

杞伯鼎

杞伯每敏匕作
鼄邾婞寶鼎
子ㄟ孫ㄟ永寶用

右陳壽卿器銘十四字子孫重文二見攈古錄二之二又有敢三銘末多一亯

字每亡讀敏化杞伯名亡攈古錄第一敢啓作亡盖作亡第二三敢啓皆作亡弟二敢盖与此同弟三敢盖作亡筠清館金石娷豆文与此同但多萬年賫壽四字（許印林云夲是壷誤㠯為豆）彼釋每亡為惠文非也吳子苾引許印林說杞夲公爵入春秋皆書侯莊二十七年又改書伯又云杞初封在河南開封杞縣於漢為陳留雍丘　班志雍丘注云故杞國先春秋時徙魯東北是也鼄字象䵹鼄形古文用為邾如邾公牼鐘邾公望鐘（近人皆釋周非）邾太宰簠皆如此作吳荷屋云邾之夲字為鼄猶漢㠯朐忍蛸蛉名縣北魏㠯蠮螉名塞也嬅或釋娷或釋妹竝非橐女旁作[illegible]与石鼓文其[illegible]〇〇字正同是从華也集韻嬅女字也是也

犀伯魚父鼎

犀伯魚父作
旅鼎其萬年
子孫永寶用

右陳壽卿器銘十五字子孫重文二見攈古録二之二案戰國策魏有犀首史記吕爲公孫衍附張儀傳集解引司馬彪云犀首魏官名吴師

道云恐犀首是姓名魏之有犀武急就篇注魏將軍犀武犀首之後姓犫引世本云犀楚大夫申犀之後未知此銘何屬或曰犀爲遲省盤庚有遲任之通

玑鼎

乙亥玑見事于彭車叔商賞玑馬用作父庚彝子孫

若陳壽卿器銘十九字玑人名玉篇作玑息進切玉名集韻玑古勇切璧也通作拱桊此字从□即□說文持也象手有所丮據也讀若戟古刻从丮之字作□即□又从玉象人執玉拱立形集韻音拱是也亦可讀琥丁琥卣器作□蓋作□阮文達公云虎形旁加玉是也亦可讀揚封敢緐對□王休蓋古刻對揚字作□頌鼎□師奎父鼎此省耳吏讀為事說文一部吏治人者也从一史史亦聲史部事从史㞢省聲古文作□从㞢不省古刻吏作□□二形用為事為使為史小篆已□為吏已中直筆下貫之□為事始分為二如守敢王□小臣守□于夷並讀為使頌鼎用□讀為事遱尊王呼內□讀為史毛公鼎卿□寮用事為士師寰敢卹厥穡□即事之古文从㞢不省者也古刻吏从□即㞢放非从㞢也又古刻吏从ㄩ無从一者隸省从一許收入一部非也當入史部云从中史史亦聲案

大徐解省字云中通識也是中即徹字通徹文史謂之吏史記所謂㠯文無害

爲吏也⿰干丂相承譯作刊案篆法干犯字从丫一會意（丫倒入字）決不作于惟隸書

作干刀字古刻偏旁作𠂇小篆作丂浸不作丂凡古刻作于者即于說文

作亏云於也象气之舒亏从丂从一一者其气平也（說文丂气欲舒出勹上礙於一也古文㠯爲亏字）舒亏

即紆餘謂舒展也亏㠯丂象气舒古刻于旁加丂㠯象气舒仍是于字㠯

文義言之此銘乃是見事于彭也（彭地名）它器如冊命鼎父癸宅⿰干丂‖亞室父癸

鼎父癸宅⿰干丂‖中鼎對揚⿰干丂王埶⿰干丂寶彝癸亥父己鼎王徙⿰干丂作冊

𩫖鼎省⿰干丂厥身戊辰彝適⿰干丂越歲母辛鬲龔彝（人名）入□□（器名）⿰干丂女子

孰卣尹（君省）⿰彳各⿰干丂宮井侯尊王命辟井侯出就侯⿰干丂井粤若元侯見⿰干丂宗

周又云王乘⿰干丂舟又云王㠯侯納⿰干丂寢天無敵王祀⿰干丂天室天無佑王卒

祀⿰干丂王丕顯考文王麥彝嘗⿰干丂麥□（麥盉久此文⿰干丂作乂）女婺彝女婺蓳（勤省）⿰干丂王

凡此等語明是于字舊皆釋刊篆形失而文義遂不可通近見乙亥彝文云呂巧彝其巧之玩其篆迹略無生趣文故作剝蝕之形此承譌讀巧為刊者所偽造近人錄之金石書失之軎从口象車箱兩田象兩輪十十象軸轄蓋車形之備者車叔人名或曰此即軎字說文軎車軸耑也从車象形轊軎或从彗蕪城賦車挂軎人駕肩是也此用為惠則惠林也商用為賞古刻通例癸亥父己鼎丙作冊豐貝癸亥敢丙貝孰卣丙孰易四書二皆商省与此銘同己酉彝啇貝十朋延彝[女凡]啇延貝師𦉢鼎王啇貝十朋皆从口古刻亦用商詳征人鼎案商賞通用古刻呂外不見推訓惟費誓云我商賚汝僅存古文後儒不識通叚乃呂商度解之非也

陳侯鼎

惟正月初吉丁
亥陳侯作○
○四母媵媵鼎
其永壽用之

右陳壽卿器銘二十一字見攈古錄二之三陳作𨻰与陳侯敨陳孖匜同說文𨸏部陳宛丘也舜後嬀滿之所封攴部𨻰列也即陳設及戰陣字經傳用陳古刻作𨻰惟陣爲陳之譌字耳四上一字或釋嬀未碻四或釋冏又㠯冏爲古文婁省皆非案說文四古文作𠘧即此四毋不知何指當是慈毋保毋之類媵从工乃土之壞文蓋𣪘媵爲媵伯元匜云𦩍匜是也凡言媵者皆嫁器說文作倂云送也呂不韋曰有姺氏㠯伊尹倂女古刻亦作賸說文賸物相增加也一曰送也副也古刻亦用朕蓋省文也

器文

肙吉氏
霸女鼎

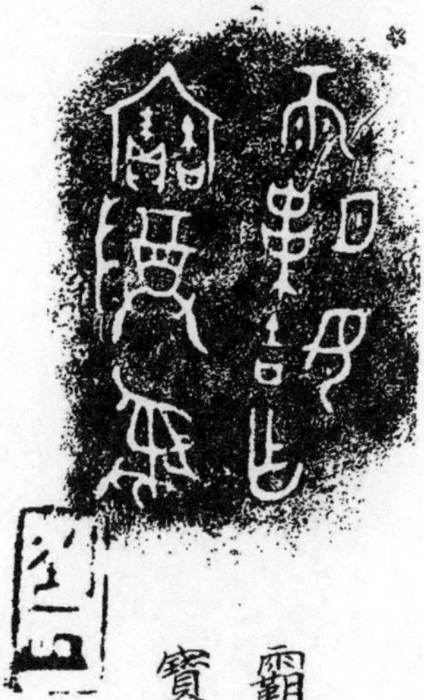

霸姞作
寶尊彝

蓋文釋同

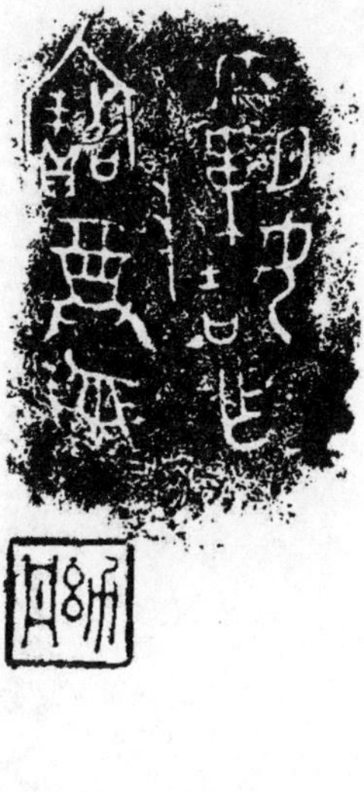

右但子榆贈夲銘六字器蓋同姓觿引姓源云霸彭祖之後霸姞婦人也此銘見攈古錄一之三

嘉魚劉心源幼丹甫學

鼎文二

師⿱罒弄鼎

乙亥子錫小子⿱罒弄王
商貝十倗朋師⿱罒弄用
作父己寶尊析木形子孫

右廣東梁氏藏本銘二十三字購得之攈古錄二之三小子射鼎器蓋全

此其銘文也向從筠清館金石橅入古文審令彝詮之首言子者指錫我之人滰卣子錫復用作父癸尊彝戊午爵子賞朱貝十朋丁師卣子錫獻霥琱一皆其例罤作□从罤省射省古射作□手持弓矢形小篆从寸身李斯之妄也即此經傳斁射通用此合罤射二字為之也前云小子罤後云師罤師姑罤名小子宮也姑𩰬云師周師尹之後以官為氏周禮夏官小子下大夫史二人徒八人注小子主祭祀之小事是也商讀為賞詳玐鼎□倒倗字凡貝朋字古刻作□三家彝牀弓鑄造而□剔寅簋迺馭人□豐姞敦敔□友多父盤□友茲倗字說文鳥部鳳古文作□云象形鳳飛羣鳥從以萬數故以為朋黨字人部倗輔也即朋字或以倗為俗體不知古文已有之如□□□□即朋所从之□□即人□乃之反□仌此銘从□為□之倒从□反人字也蓋以倗為貝朋字詩菁菁者莪箋古者貨貝五貝為朋易損崔憬注雙貝曰朋食貨志注兩貝為朋二說未知

㪅是非舊依荷屋釋鼎吕鼎从木為析木形也小篆如此古刻鼎作鼎从𣝗象鼎足枝持形擦古錄二之一既尋卣引徐籀莊說析木即析薪箸子孫上負荷也心源案左傳云其父析薪其子弗能負荷謂之不肖則析木之訓渫矣

征人鼎

丙午天君卿饗
○○在斤天
君賣賞厥征
人斤貝用作
父丁尊彝子孫

右陳壽卿器銘二十五字攈古錄二之三天君鼎也西清古鑑癸亥敢文小異積古齋父丁彝篆迹亦不同天君徐籀莊云猶春秋傳天子為天王心源案左傳箴尹克黃曰君天也是其義□即卿用為卿實為饗古文止卿字小篆為三形耳如緐鼎王□酒效卣納□于王饗字也与此同望敢北□吳尊北□卿字也即向毛公鼎□士寮郝公鐘及我正□卿字也並可證二行首一字或釋視未碻□父丁彝作□阮未釋當是招宋人讀昭者合上一字為人名或釋酎非★即才讀為在在原从才也斤地名又云賞厥征人斤貝蓋王在斤地即呂斤地之貝賞之□尊王省虡祖王錫小臣□虡貝是其例□或釋商貝二字非此即賫字与商通之用為賞耳商用為賞詳巩鼎說文□行賈也从貝商省聲乃商賈本字經傳專用商度字而賫廢人識矣癸未尊王□賜貝从商不省義与此同

師曾鼎

肙涓人師曾○王為周客錫貝五朋用為寶器鼎二敦二其用亯于厥帝考

右武昌柯戣盦贈本銘二十八字近人已入金石錄今據篆形釋之肙說文作肙小蟲也从肉○聲據此則○即圓字或是圈字段氏刪○聲字吕許書無○字也不知部首□即○後人篆異讀異員下亦云○聲可證也篆法○口殊形亦有不能拘者如倉舍邑谷㕣等篆皆从○亦有从口者攷

宗周鐘□（倉〻怱〻）公違鼎□（王在新邑又矢人盤邦字之邑从□宗周鐘邦字从口）居彝□（君舍余三鏞）說文谷作□
㕣作□竝可證此肙从口即〇也肙人涓人也吳語乃見其涓人疇注涓人中
人也漢書陳勝傳注涓人主涓除之人史記曹參世家參以中涓從注中涓如中
謁者蓋內庭小臣也師𩠐作器者姓名𩠐或釋眾非說文𩠐古文首巛象髮
謂之鬊〻即巛也古刻䭫𩠐之𩠐如麥鼎□㽙卣□𥝩伯㦰敢□吳彝□
皆與此合是从巛即巛也𩠐下一字未詳或釋見或釋覿皆非客从宮與从
宀同意古文之繇也或釋寇非井侯尊王□𦓐京客〻从宮也（貉子卣王格于呂又一卣作□）
（此客从口口〻然）乂古文五象交午形見說文寶字省仲𣄮臣父盤□器𡖊父盤□盤
召伯虎敢□敢竝同帝考猶皇考爾雅釋詁邢疏引尸子廣澤（當是釋）篇天
帝皇后辟公皆大也是其義仲師父鼎用享孝于皇祖帝考〻用帝字近
人㠯肙為㕣即啟㠯周客為周𡨊即三恪㠯帝考證殷王元子殊附會也

⿰希希鼎

乙亥王既在熊師王卿饗酉酒尹令命⿰希希還隹各雒商賞貝用作文丁彝惟王正井方〇

右柯契盦贈本銘二十九字近人已入金石錄王下當是既字師上當是熊字地名號𣏛旅鐘數ニ□ニ宗周鐘□ニ數ニ皆熊字與此同熊師者熊地之軍也中鼎王在寒師太保鼎攈古錄二之三公在盩師與此一例卿讀饗詳征人鼎酉古文酒字象酒器形自叚為酉酉字乃加水以別之說文酉就也八月黍成可為

酎酒丣古文酉𢶡許說明㠯酉爲酒其云丣爲古文者正爲用酉爲丣尚在後耳毛公鼎毋敢湎于酉盂鼎在于即事𠭯酉無敢酷又云率肆于酉季良父壺用盛旨酉西𦎫甔用實旨酉皆酒字也尹人名□當令之異文辛子敢王□賞□□貝文義乃是令讀爲命也𦅫作器者名說文𦅫𢑱屬从二𢑱𡧍書𦅫類于上帝肆今作𦅫古文𦅫㯯古𦅫字偏旁从□乃省从□矢人盤我□付散氏田器可證也此从二□即二□或釋此爲槀篆形不合𦅫即遂与肆同聲故用𦅫爲肆訓肆爲遂還从彳□可證足形爲止說在𣪘癸鼎隹各或讀惟格格至也心源㠯爲此乃雒字上下離篆者古文有兩字合篆者亦有一字離篆者毛伯彝丕顯揚之揚作□□或釋執皇不詞此二字即□征人鼎賞厥征人斤貝之賞用商爲之篆作□□与此一例銘蓋云時人名尹者命名𦅫者還雒而賞之貝𦅫曰作此鼎也雒即洛史記夏本紀漢

四

石經及許氏説解中伊洛字皆作雒詩清廟序雒邑繹文後漢都洛陽㠯火德為水剋火故改為各旁隹觀此銘知洛雒通用已古矣商讀賞詳玭鼎惟王正井方者㠯事襄年也与龢尊惟王來正尸方一例正征省周礼司門正其貨賄注正讀為征是也井國名路史後紀炎帝後有井氏左傳有井伯未一字當是禹

趠鼎

惟王来各格于成周年厚趠又○于溓公趠用作氒厥文考父辛寳尊𪔂其子子孫永寶○

厚乙可讀莒篆洛阜為倒莒字詳無重鼎

右陳壽卿器銘三十二字子重文一見攈古錄二之三首云惟王来格于成周手者吕事褱手也中鼎惟王命南宫伐反虎方之手太保鼎攈古錄二之三惟公太保来伐反尸手在十又一月庚申皆此例各格省趞人名厚恳厚又下一字未詳或釋賴非溓説文云薄冰也一曰中絕小水案山海經海内東經濟水絕鉅鹿澤注絕猶截渡也中小水而截渡之曰溓此从兼从涉省即中絕之意本銘當是地名令鼎王馭[illegible]中是也或釋雪非溓姬敔作𪔁稍蝕亦是从涉省或釋慧非𪔁説文未收吴子苾引徐籀莊説云易序卦傳注鼎所吕和齊劑生物成新之器也吕𪔁仍是鼎字心源案此字器刻中屢見字既从鼎當是鼎名或即鼒鼎与才聲同爾雅釋器圜掩上謂之鼒郭注鼎斂上而小口説文鼎之圜掩上者玉篇小鼎也𪓗鼎云作宗[illegible]从齊从皿即齍字而其銘云作則是器名矣又穚祀敔有[illegible]字从酉未知同𪔁否侯孜

仲師父鼎

中師父作季㱿(慇)
始(姒)寶尊鼎其
用亯用考(孝)于皇
祖帝考用錫賫
壽無疆其子孫
萬年永寶用亯

右潘師器銘三十五字見攈古錄三之一中讀仲氏也師父字如仲山甫也父

即甫敨許印林釋㚸心源案說文民从毋省毋實从女故古刻民作中女作中篆形相同也此作𢀈即敨說文敨彊也兮田盤休無䀭師望鼎㝅㕁純無䀭克鼎□純無䀭皆無競意或釋敨為斁非此季敨姞當讀愍与毛公鼎䀭天疾威同義說文愍痛也周書謚法在國逢難曰愍在國連憂曰愍經傳作閔者是也始即姞說文無姞而鄦下戚下說解有之吳閣學云古台㠯字通用心源案古刻㠯作㠯小篆作㠯台从㠯聲古刻作台小篆作台余儔兒鐘台鑄龢鐘台追孝先祖郘公𨿅鐘台卹其祭祀盟祀台樂大夫台宴士庶郘公望鐘台其屯于即滈于台愷諸士陳逆簠台亯台孝陳侯因資敨台烝台嘗皆㠯台通用也㠯台同則姞始自同頌鼎龔始季良父壺𢼸始皆用始為姞徐氏不知而收姞入新附贅矣又如毛伯𢍉王[台司]士告𢍉公[台司]始則合司字為之古文之緐也

又如鄦侯敢皇妣居君仲妃陳侯午錞皇妣孝大妃竝从辰巳字叅説
文云巳从反㠯反㠯者倒㠯字也許書言反字者皆倒字㬅字幻字可證㠯篆作[篆]倒之則爲
[篆]是巳㠯篆體相同故妃从巳也用考之考讀爲孝同形得通叚也
師奎父鼎用追孝于剌仲毛公鼎本書毛公鼎第二器亦宏唯孝娩子敢用亯孝
于牀皮父仲殷父敢用朝夕亯孝宗室豐兮尸敢用亯孝豐姞鼓敢
用宿夜亯孝于敔公徲簋用亯孝于姑公曆彝孝于友惟刑兮熬
壺亯孝于大宗皆㠯考爲孝召鼎文孝穿伯則又㠯孝爲考兵帝
考猶皇考詳師眚鼎此本鼎而銘曰寶尊鼎所謂本銘兼言它
器也萬㠯邁爲之器刺中畟見二字本通後人分用

噩疾鼎

王南征伐角䍧隹還
自征才坏□□氒□
丙午王蒿于坏□
王□于氒士□□
王□鬯白貝
一□□□
□□□□□鼎

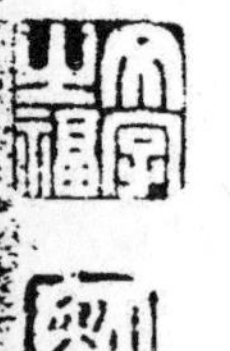

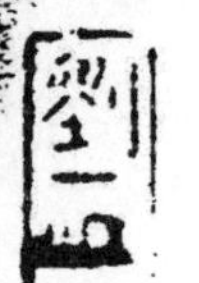

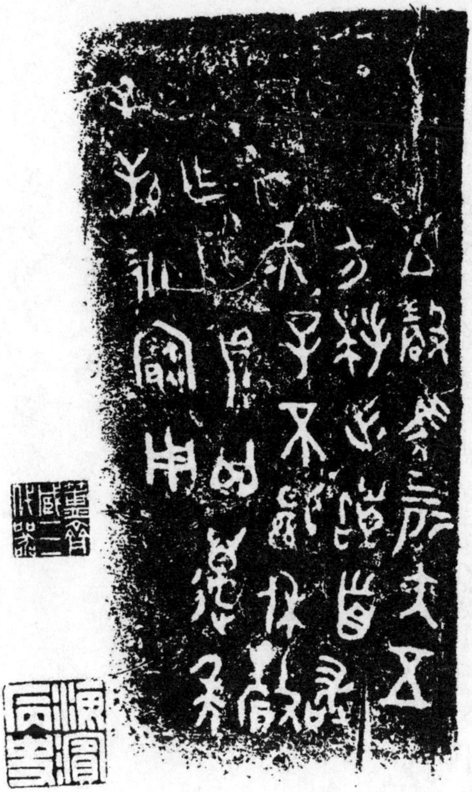

王南征伐角○唯還
自征在○噩侯馭方

內(納)〇于王乃誊之馭
方友(侑)王=休姤乃射馭
方卿(饗)王射馭方休闌
王宴同酓(歆)王寴錫馭
〇〇五轂馬三匹矢五
〇〇方拜手䭫首敢
〇〇天子不顯休贊
〇作尊鼎其萬秊
子孫永寶用

右陳壽卿彜銘八十五字王重文一角下一字未詳或釋舒移地名案師
遽敔丕顯之顯作㬎師奎父鼎丕顯作㬎皆㬎省知㬎即㬎之下

體疑形為純字𡀀非器說文器作㗊从犬古刻作𡀀（郝公望鐘𡀀師酉鼎𡀀皇父敦）亦从犬此从屮乃噩字（古文小篆犬字皆不作屮）周礼占夢二曰噩夢說文未收而吅部作𡁳（周礼多古文如噩甗等字見於古刻許皆未收失之）案爾雅釋天太歲在酉曰作噩史記歷書作作鄂知噩侯即鄂侯也史記殷本紀紂以西伯昌九侯鄂侯為三公世本晉謚孝侯子郄為鄂侯左傳杜注鄂晉別邑未知此銘奚指馭方鄂侯名馭从[illegible]古文鞭字說文鞭古文作[illegible]即此蓋鞭从便＝从㪿[illegible]即㪿省古文乃以㪿為鞭也大鼎𩣡（王呼善夫馭召大）从重○从支實㪿字（曶鼎[illegible]乃祖考嗣卜事毛伯彝[illegible]虢城皆㪿字）石鼓文黃帛其𩣡正是𩣡从㪿省者（師嫠敦既命女[illegible]乃祖考嗣㪿字从[illegible]）余向釋大鼎馭為駛毛伯彝㪿為吏令改訂於此[illegible]說文作𨘢重文作[illegible]古文作[illegible]解云升高也䙴[illegible]或从卩文遷下云登也知䙴即遷此从由乃[illegible]省如說文𢎘柭弓鏄作[illegible]毛公鼎作[illegible]亦是省[illegible]為毋即[illegible]此又从卩反巳也合之為䙴毛公鼎[illegible]圭与此同[illegible]

即友說文㕛古文作𦫵案古文㠯習字傳寫之譌無叀鼎史𢀩阮文達公釋友即古文也曆彝孝𦫵惟荆从曰皆可㠯訂𦫵字又案汗簡口部引石經差作𢀩師遽方尊蔑曆𦫵（即賞賜有差之義蔑曆詳彔敔）毛公鼎（本書毛公鼎第二器）其用𦫵皆差字与古文友同形攷說文差不相值也𢀩盖取兩手左右相背故合左右二字為之即不相值之義伯俗父鼎用又（右）𠮢（右字从一向左即左字）俗父嗣麻毛伯彝王命吴伯曰吕乃師𡰥（𠂇向左為左）从毛父王命吕伯曰吕乃師𠮢（又向右為右）从毛父是古文左有作𡰥者故知𢀩為左右合文也㕛乃取兩手相助但不相背耳差吕𢀩為正篆其作𦫵而涉於友者古人文存大略如甲才同作十戌戊同作戉當隨文讀之此銘友讀侑礼運注輔也是也休者止也息也姤闌皆地名𢏚从手執弓矢象形會意最為古簡小篆作䠶𨈡从身古文身作𠂣有㠯於𠂣遂肊造之此李斯之妄當糾正者說文䠶下云弓弩

發於身而中於遠也从矢从身射篆文䠶从寸寸亦因又而加寸法度也亦手也皆據後出字說之豈三代六書之恉乎酓歆省寴說文云至也然史懋壺寴命史懋繹山刻石寴輈遠方會稽刻石寴輈天下皆親字義廣韻吕為親之古文是已瑴說文作珏重文作瑴云二玉相合為一珏此云五瑴則十玉也不讀丕說文不鳥飛上翔不下来也从一一猶天也象形案不頭岐丫不象鳥據木部𣡌重文作櫱古文作不即不字所从也許云不从木無頭心源吕櫱為萌櫱不象萌蘖初生未成木形不字从一為指事不箸於一象花柎形詩鄂不箋不當作柎鄂足也山海經西山經崇吾之山有木焉員葉而白柎注今江東人呼艸木子房為柎音府一曰花下鄂俗作萼音丈夫凡不肯字本是弗不乃鄂柎字自叚不為弗而鄂不之本義晦許未得其原故為肊解偺非櫱之古文及鄭箋柎字從何取證哉又案許云弗

矯也从丿从乀从韋省蓋㠯韋為違其實韋从舛弗字不从韋乃从弓也丿乀者左右戾所謂矯也凡如此者矯之則不如此故為弗賚从貝當是釐詩釐爾圭瓚傳釐賜也敔敔獻圭瓚之从貝

無叀鼎

惟九月既望甲戌王各格
于用周廟燔于圖室𤔲司徒
南中仲右無叀入門立中廷
王乎評史友冊命無叀曰

官嗣（司）功王遉側虎臣易（錫）
女⊡元衣黹屯（純）戈琱戛縞
必（秘）彤沙（紗）攸（鋚）勒䜌（鑾）旂無叀
敢對揚天子不顯魯休用
作尊鼎用亯于朕剌考用
割（介）眉壽萬年子孫永寶用

右焦山寺器世謂之焦山鼎積古齋款識金石萃編載其原流與其釋文全詳此為襄陽劉伯良銓郡元綱贈本銘九十四字𤇯从火从𠬝說文番獸足謂之番从釆田象其掌𢍷古文番此从𠬝𠬝中存一點阮云點畫闕泐是也又从火為燔說文燔爇也燔于圖室者周禮所謂槱燎也圖室阮㠯為明堂太廟然上文云周廟則此為廟中之室室有圖畫故曰圖室魯靈光

殿賦圖畫天地品類羣生雜物奇怪山神海靈寫載其狀託之丹青千變萬化事各繆形隨色象類曲得其情上紀開闢遂古之初五龍比翼人皇九頭伏羲鱗身女媧蛇軀鴻荒朴略厥狀睢盱煥煥可觀黃帝唐虞軒冕以庸衣裳有殊上及三后婬妃亂主忠臣孝子烈士貞女賢愚成敗靡不載敘惡以誡世善以示後知古宮廟墻壁皆有畫像以覽所謂五世之廟可以觀怪者此也嗣籀文辭字見說文古刻用為司徒从⊥古文土字孟鼎受疆⊥是也从彳止為辵中讀仲南仲宣王臣見詩常武右即佑之正字助也相也無叀人名阮讀無為鄦好異也試思古人名無駭無極無畏無宇者豈皆鄦氏乎[illegible]从三屮說文惠古文作[illegible]即蕙此正从此是古文叀字也而彖伯戎敦[illegible]宏天命仍是惠矣內門二字合文內讀入說文入內也內入也論語出內之吝史記陳丞相世家不問其出入此其相通之理乎即呼賓為詩友史臣名詳噩

侯鼎令通命[illegible]戜釋紅戜釋空皆不合篆形心源案敔从攴而井弓鑄作勳从力（女肇敔于戎攻）毛伯彝敔文王＝姒之敔亦从力作[illegible]知[illegible]為古文力字井侯尊告無[illegible]亦力字可㠯互參是[illegible]為功矣世本晉謚曲沃少正襄生司功大伯氏姓篇晉大夫司功景子士匄弟佗因官為氏是司功為晉官當即司勳之職遉側不知何義攷玉篇遉邏候也此云王遉側虎臣謂察其近侍之臣有功將行賞也故下文即言錫予之事臣字依吳子苾釋最碻此字稍蝕耳黹相承釋帶徐籀莊釋黹說文黹箴縷所紩衣今女工刺繡謂之針黹它器作[illegible]即黹屯案邾公望鐘㠯其[illegible]于龢作即錞于也（周礼鼓人注錞于圜如椎頭大上小下樂作鳴之与鼓相和）蓋屯字用為錞耳此作[illegible]正与彼合是屯字也凡寰盤黹[illegible]（阮書如此摹古錄作[illegible]）師奎父鼎黹[illegible]頌鼎黹[illegible]頌壺黹[illegible]視此矣若依舊釋束其如邾公望鐘屯于何哉又攷徲簋用蘄眉壽[illegible]魯亦屯字多一橫筆而害敔黹[illegible]（又一敔作[illegible]又一敔作[illegible]）亦如

此作是無論多一橫少一橫皆屯字矣凡黹屯讀純宋人釋束近人釋裳皆非書礼以純爲緣黹純者繡緣也說文緣衣純也廣雅釋詁二純緣也案緣者領也郎乃戛字說文戛戟也絹必舊釋縞繹余釋綧柲案此二字見於古刻者以余所覽此鼎而外惟毀敢褱盤耳必字與此同無庸贅惟綧字敢文作厚明是从厂从亯洎非高字盤文作綧（阮書如此攈古錄作綧）亦是从系从㫗受非从高即此鼎之綧亦是系翮亯非縞也攷趠鼎惟王來格于成周年厚趠（趠人名謂有恩厚于趠厚亦可讀亯）毛公鼎（本書第二卷）我用[illegible]厚（亦可讀亯）皆厚字與毀敢同說文㫗（今作㫗）厚也从反亯亯者倒亯字亯篆作亯倒之則爲㫗小徐云亯者進上也以進上之具反之於下則㫗也又說文厚（今作厚）从㫗从厂㫗亯同形故此鼎从系（系即糸古文不分）从亯褱盤从㫗毀敢直以厚爲之同形通叚實皆綧字而趠鼎毛公鼎之厚字文義亦可讀亯矣（古文不分倒順）集韻綧主尹切布帛幅廣也或作綧管子君臣丈

尺一綧制注綧古準字或作淳周礼內宰出其度量淳制注故書淳為敦杜子春讀敦為純詩白茅純束傳純束猶包之也箋純讀曰屯戰國策錦繡千純注純束也參究音義知綧即純束之謂必柲省說文柲欑也俗作攢欑積竹杖也案許解殳字云殳以積竹八觚長丈二尺建于兵車旅賁以先驅是柲即殳也積竹者如今軍中矛桿聚竹為之縛以繩韜以帛而油桼之旣堅且韌勝於木柄易折也此云綧柲正取純束積竹之義近人以必為縪引攷工記天子圭中必鄭注必讀如鹿車縪之縪謂必縪古文相通心源案鄭注云必讀如鹿車縪之縪謂以組約其中為執之以備失隊說文鞑車束也即鄭所謂縪也鄭以圭中必之語非義故以縪字解之又申之曰以組約其中是以約解縪字矣惠士奇礼說縪猶綦也結于鞢而連于軸通訓定聲以組約圭中以繩

絥車下皆曰縪是則縪義為約束本非器物鄭呂解圭中必則可鐘鼎家取呂解所錫之必吾不知所約束者何物也於是因縪及韠叚借經兩轉而始通之迂曲矣沙舊釋矢案褱盤作□明是沙字褱鼎作□稍負夂是沙害散三盤形下一字作□□□攷古圖作□毀散形下作□說文□水散石也从水从少水少沙見□譚長說沙或从尐（古文不分正反寅簋天降喪不火之火作□可證）集韻沙或作砂（史記作砂）案害散沙从厂者从石省也說文厎厥厲厱厞居厗厔厖厜厙厝厐十三篆義皆訓石可證□□□□竝从石省矣□則合□□二字為之耳此作□正象水散石形是沙字也沙即紗古無紗字止呂沙為之釋名釋綵帛縠文謂之沙夂取鄹鄹如沙也周礼內司服素沙鄭康成云素沙者今之白縳也呂白縳為裏使之張顯今世有沙縠者名出于此是己余向夂呂沙為矢字今審訂之攸鋈省鋈勒即詩鞗革說文鋚轡首銅無鞗字縧鋚省魯休戎釋瑕休阮釋嘉休

許印林釋虎敢旅休云旅眾也攈古錄三之二案說文旅古文作旅解云古文以為魯衛之魯書序旅天子之命傳訓旅為陳史記周本紀作魯天子之命魯周公世家作嘉天子之命是魯旅嘉皆通也詩假樂亦作嘉故古文屯魯即純嘏刺它盉作刺宗婦盤刺公刺大鼎刺考軙為明縣案此即辢字亦即烈字漢書五行志下之上注烈猛也文選上林賦吐芳揚烈注烈酷烈皆辢字晉姜鼎揚厥光刺即光烈凡古刻刺祖刺考皆烈字也割即害即介釋名釋天害割也如割削物也書大誥天降割于我家釋文割馬本作害宗周鐘割其萬年多父盤受害福召伯父辛敢害萬年是割害介古皆通用矣賢舊釋眉非詳古文審鑄公簠盤此作盨即索姬盤盨字之省攷魯伯俞父盤頮字作頮从皿从水頁聲說文頮昧前也讀若昧此古文釁所从其非釁盨可知矣又案盨亦是古刻簋字古文省變往往涉於它字而不覺當以文義讀之

鬲比鼎

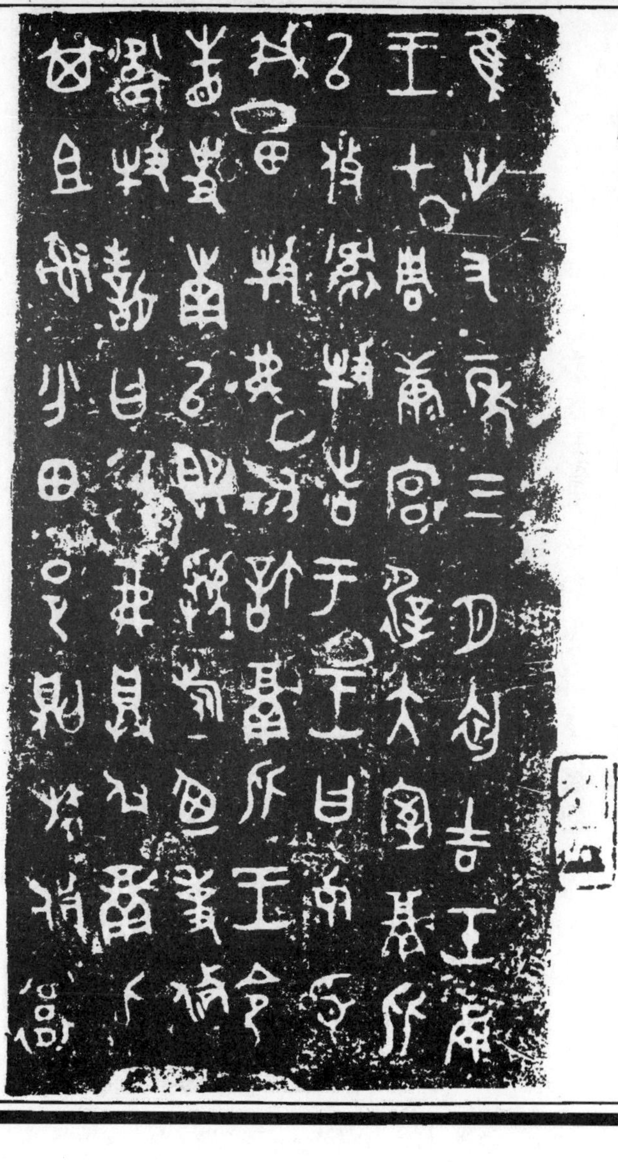

惟卅又一年三月初吉壬辰
王在周康宮徲太室鬲比
吕攸衛牧告于王曰女覓觳
我田牧弗○許鬲比王令命
省史南吕即虢旅〻迺吏使攸

衛牧誓曰〇弗具付鬲比

其祖射分田邑則殺攸衛

牧則誓比作朕皇祖丁公

皇考叀(惠)公尊鼎鬲攸比其

萬年子子孫孫永寶用

右歸安陸存齋源觀察器銘九十八字子孫重文二積古齋款識卷四攈古錄三之二竝作鬲攸从鼎鬲从ㄙ吴書皆作鬲阮書惟末一鬲字从ㄙ比与从及正之朗(今)椽篆形釋之鬲當是鬲玉篇鬲雅鳴也案説文鬳𠂉鬲字象孰飪五味气上出也許吕㓝象气出此吕ㄙ象出气孔余見北人鐵竈三足鬲爲耳出气如煙筒即ㄙ也此銘鬲仍是鬲之象形字特未可鹵莽讀之耳或曰説文融釜也讀若過即鍋字今人識鍋不識融此鬲即融後人炙中耳㽔則鬲即融融即過𠙻

俗通姓氏篇過氏過國（見左傳）夏諸侯後因為氏蓋斛之為過正如魯鹵韓寒周舟陳田邾龜虢郭祝鑄許鄭同贊通叚不足為異也攸人名衛牧[illegible]人姓名康宮康王廟太室廟中室書王入太室祼踈廟中有五室中央曰太室徲阮釋辟吕為闢案从彳从屖說文作徲久也吕籀文遲作遟推之知徲即徲故廣韵有徲無徲然徲徲遲遟音義竝通彳辵本同意也廣疋釋詁二遲久也仲𣪘父敢徲伯阮釋遲是也（阮又云一釋作辟）易歸妹遲歸有時釋文引陸注遲待也此云徲太室謂王待之於太室左傳寡君須矣請待子是其義文選謝靈運酬從弟惠連詩傾想遲嘉音又有南樓中望所遲客詩皆是待義注竝吕思字解之非也☉字稍蝕阮釋呆（古文保）審是𤔲說文云治也此用為𤔔說文云煩也凡𤔔亂字本作𤔔後人習用亂且此言𤔲攸𤔔我之田界而衛牧不許付還於我蓋二人為𤔲比為難省舊釋相案揚敢九月既生霸辰豆閉敢三月

既青霸（曶鼎四月既青霸稍殘）皆与此同形蓋青字用為生从生故得通叚也若是相豈得用為生霸且木字下體从木象根篆法不得作十凡作十者直筆中注形即是橫筆（詳康侯鼎）亦非木也此銘青即青即省說文目部眚目生翳也眉部省作𥄉云視也从眉媘从屮案宗周鐘王肈遹青文武盂鼎粵我其遹青先王中鼎先青南國𦞇鼎先青野居𧼈鼎青于厥身（友史鼎）辰青北田四品文義皆省字从屮者与青霸字同从屮者媘一筆古刻青省為一字小篆分為二其實从屮即屮屮之変耳攷古者凡遇青青字吕青霸叚借推之則決知非相字矣若辥尚功引尚書召作青其謀愛不必論史南史官南名即就也或釋敔吕為鋪敔淮墳之敔案此字明〻从卩非敔也虢旅即虢尗旅見鐘銘射𤔲比祖名旅从屮即者省（𣎆古文旅字見說文者下）又从攴是敔字也玉篇多古切（音堵）

伴也非此銘所用義此當為堵謂堵截之此銘文意是鬲比祖田為攸与衞牧所侵故比吕二人告王曰女敵我田而衞牧弗許付我謂衞牧居閒為難也王命省視其田史南即王所命者田与貌旅近故吕就貌旅治之旅迺使攸与衞牧誓曰若不吕所敵之田全付鬲比則堵截之攸衞牧迺命故漫云攸衞牧則誓也犇云鬲比後云鬲攸比則攸之鬲姓也此器陽文格与克鼎同皆古刻之僅見者旅下重文阮吳漏釋

頌鼎

頌鼎

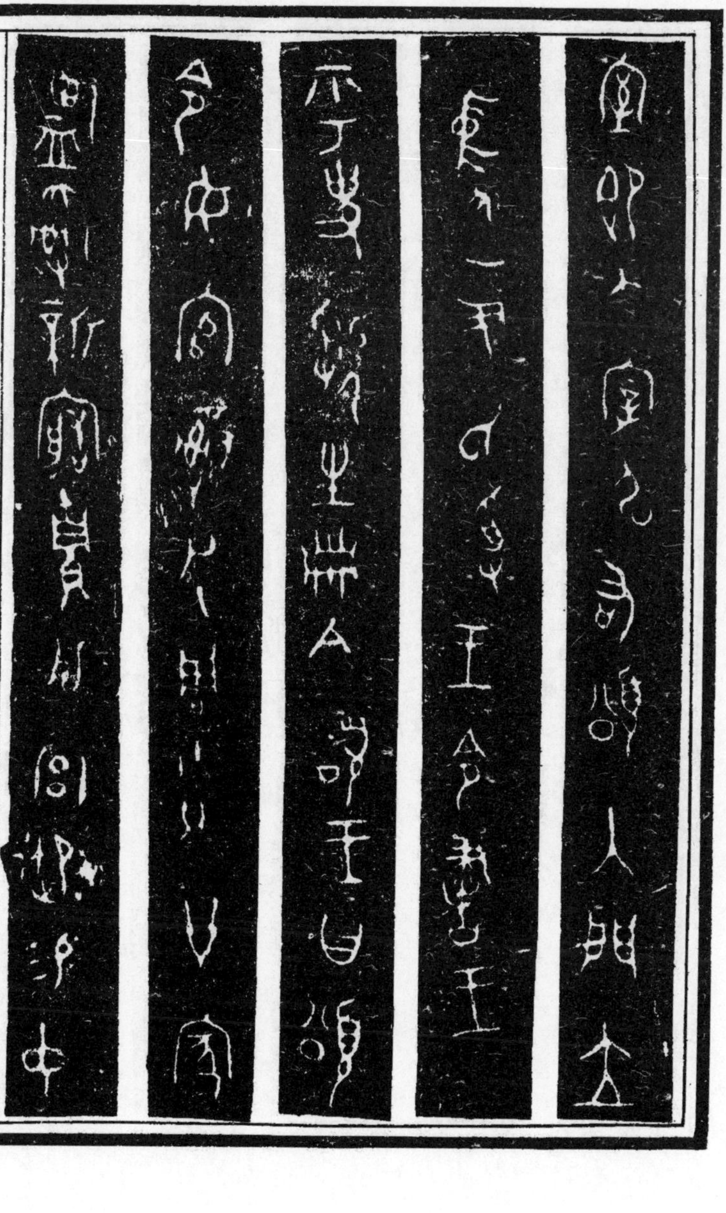

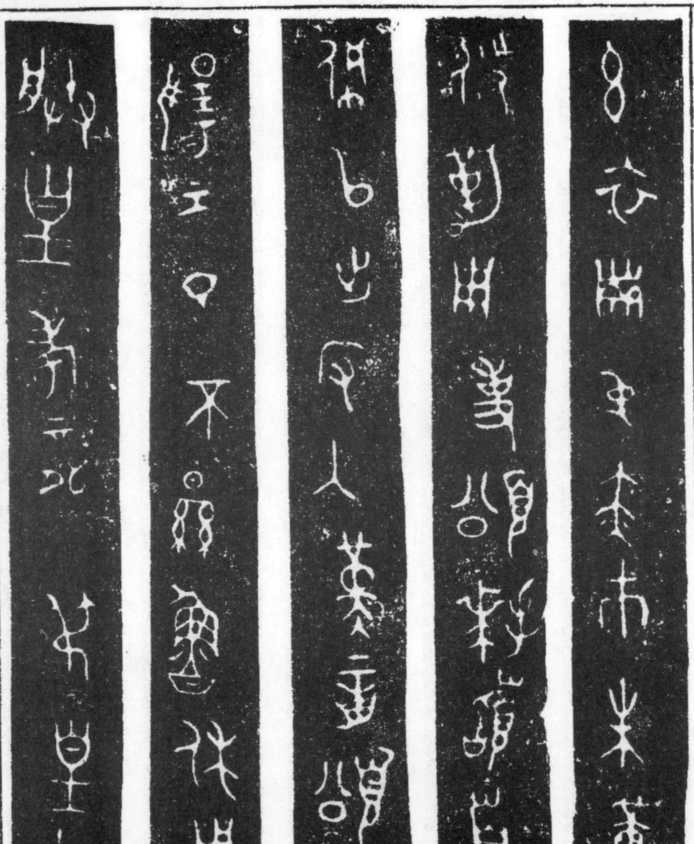

惟三季五月既死霸甲戌

王才在周康卲昭宮旦王各格太

室即立位宰㝬右頌入門立

中尹氏受王令(命)書王乎(評)史
虢生冊令(命)頌王曰頌令(命)女官
嗣(司)成周青(債)廿家監嗣(司)新艁貯
用宮御易(錫)女[元]衣黹屯(純)赤市朱
黃(橫)䜌(鑾)旂攸(鋚)勒用吏(事)頌拜䭫首受
冊佩吕出反入堇(覲)龍(寵)頌敢對
揚天子不㬎(顯)魯休用作朕皇
考龏叔皇母龏始(姒)寶尊
鼎用追孝蘄匄康𧝓屯(純)右
通彔(祿)永令(命)頌其萬季眉壽
畯(允)臣天子霝終子〻孫寶用

右賸本銘百又四十八字子重文一此拓翦貼釋文行數字數即原式也又有敦別詳桼積古並卷四攈古錄三之三竝載此鼎篆迹微異邵讀昭宗周鐘卲各太師虘豆卲洛皆昭格二字可證也阮吕康昭宫為康王昭王廟而褱盤康穆宮不箸說吳書引徐籀莊說康穆宮康王廟之右个康昭宮康王廟之左个皆未合也（詳克鐘）太室詳鬲比鼎即下立字半蝕敦文可校立讀位潛研堂聲類三引周礼小宗伯神立注故書位作立鄭司農云立讀為位古者立位同文春秌書公即位為即立是也宰宏宰官宏名右即佑之正字頌作器者名廷字亦蝕今讀命下文同䄻生史臣名嗣讀司責字亦蝕擄濰縣陳氏海豐吳氏兩頌敦皆作貯（阮書同）其下文貯字陳器作貯吳器作貯（阮書敦同）此銘下文作貯与阮書鼎文同凡中直筆通貫者為責直筆中斷者為貯本自憭然自阮氏統釋作貯於是兩形相殽頌鼎頌

壷之仿刻者二字或皆从朿或皆从朿或上字从朿下字从朿此皆不知
有責字者也案責說文作責从朿敦文省从朿而直筆固自通貫也
貯作貯从朿敦文鼎文从朿朿朿𦅸省稍異而直筆固自中斷也兮
田盤𤔲成周責作責其下文云人其貯作責可互證而得責即債加人
者俗字也左傳毀閾已責注除逋責管子山至數苟從責者鄉淩州決注人
有負公家之債者官司与其準淩戰國齊策孟嘗君問門下諸客誰習
會計能為文收責於薛者乎皆債字此銘𤔲成周債廿家之收債之官
監𤔲新艁貯用宮御謂艁作御用器物命頌監之貯之也說文造古文作艁
从舟此又从宀蓋宮室之義敔文作𡨦兼造字為之陳吳器如此阮書敔文作造黹屯攸
勒詳無重鼎黃横省經傳作衡亦作珩禮玉藻一命緼韍幽衡再命赤韍
幽衡三命赤韍葱衡注衡佩玉之衡也詩有瑲葱珩疏引此衡皆作珩楚

語白珩注珩佩玉之横者案幽衡黑葱衡青三命兩色而楚語云白珩猶銘中多言朱黄此必四命至九命所用者可補礼経之闕佩从凡余曰㠯訂今本說文凡字之誤詳鄭同媿鼎葢覲省龍作畗汗簡龕字即此或釋章非此用為寵大敢章帛束章馬兩皆非章字詩何天之龍維龍維光龍即寵也㬎即顯魯休詳無叀鼎龏說文云慤也經傳作龔通恭始即姒詳仲師父鼎斳从㫃从單當是戰省蓋會意旂字古文用為祈見晉姜鼎用蘄綽綰眉壽林夜鼎彝簋伯侯父盤皆云用蘄眉壽說文㫃部未收而艸部作蘄云艸也蓋小篆㠯𣂺之屮依稀改為从艸許亦不得其原矣[illegible]舊釋虔㠯為健字或又釋嗣釋爵皆不合篆形心源㠯為从𤔔蓋嗣省从虎即虒省當是褫字嗣其督也康褫者安福之謂也右即純佑也詳無叀鼎上文甫也作屯此作屯一也一空白書之一填實

書之如〇●皆丁子子皆子孜訂家所當知也詳太保敢彖祿省畯即允尗可讀畯通駿霝即靈即令皆訓善廣雅疏證一謂霝令同聲同義是也詩言令終齊太宰盤追敢及此銘云霝終林弓鏄云霝命難老皆可證又史頌鼎頌鼎頌終尗令字也[illegible]說文終古文作[illegible]即此

曶鼎

惟王元年六月既望乙亥王在周穆王太○○
若曰曶令(命)女更乃祖考𤔲(司)卜吏(事)易(錫)女赤環○○
用吏(事)王在○居井叔易(錫)曶赤金○曶受休○○
王曶用絲金作朕文考(考)𢍰伯鬲牛鼎曶其○○
用祀子孫其永寶

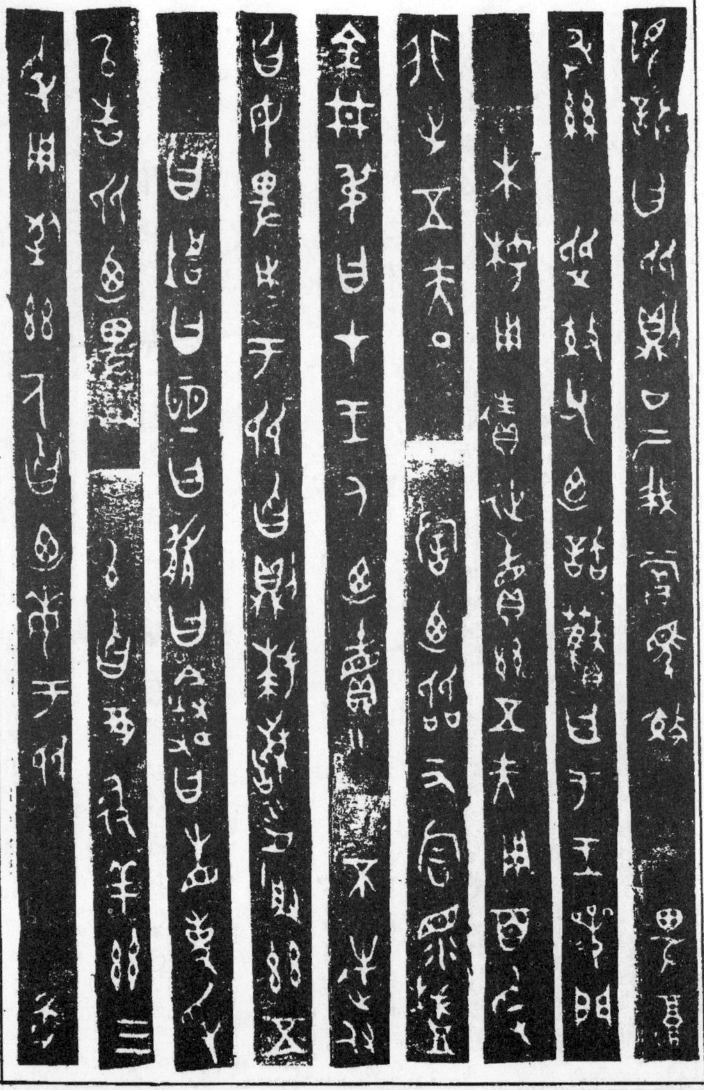

惟王四月既眚(生)霸辰在丁酉井尗在異為○○
吏氒小子允𢿢吕限訟于井尗我既賣女五○○
父用匹馬束絲限詣曰所則畀(俾)我賞(償)馬效○○
畀(俾)復束絲○所效父廼詣𢿢匃于王參門○○
木楊用償徙賣茲五夫用百爰(鍰)非出五夫○○
誓廼所又誓眔○金井叔曰在王人廼賣○○
不造付曶毋(毋)畀(俾)成=于所曶則拜䭫首受茲五○
曰○曰恒曰龖曰○曰省吏爰吕告所廼畀(俾)○

曶鼎　二三

吕匒酉酒及羊玆三爰鍰用到苏人匒迺委于所○

○○舍允㪔大五秉曰十尚當卑俾處○厥邑○

田所則卑俾○復令命曰若諾

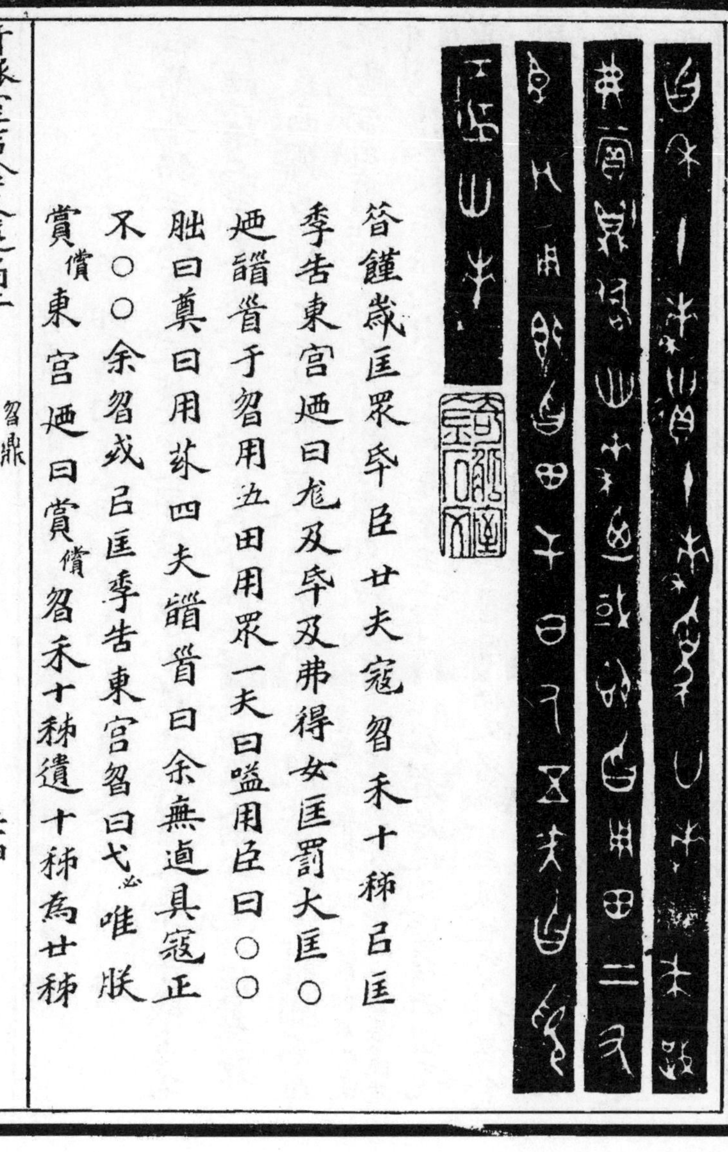

㫺饉歲匡眔氒臣廿夫寇曶禾十秭吕匡
季告東宮廼曰龙及氒及弗得女匡罰大匡○
廼醑眚于曶用五田用眔一夫曰嗌用臣曰○○
朏曰奠曰用茲四夫醑眚曰余無逌具寇正
不○○余曶或吕匡季告東宮曶曰弋(必)唯朕
賞(償)東宮廼曰賞(償)曶禾十秭遺十秭為廿秭

来歲弗賞(償)則○卌秭廼或即曶用田二又臣
○用即曶田千曰夅五夫曶受匡卌秭
右𪔶夲銘三段首段五行七十九字蝕八字中段十一行百又九十字成重文
一蝕二十二字末段八行百又三十五字蝕三字共四百又四字見積古㘴款
識卷四攈古錄三之三此鼎已燬於兵火原拓罕覯此係道光時翻夲与
阮書合回翦貼之釋文行㪅字數即原式也(江建霞藏原拓四紙其最初夲㴸蒙字隱餘皆剔㴸後拓者江云篆迹頗有剔壞者)首段敘作鼎之由太下當奪室王二字曶作𠀠者名說文作𦥑云出气
詞也从曰象气出形春秌傳曰鄭太子曶𦥑籀文曶(从口)一曰佩也象形案今
左傳作忽許之後解即笏字此从乚反勿字也㝱㝱代也从𠕁详噩侯
鼎卜作卜說文卜古文作卜即此篆㳄从攴之字亦作攴攴皆用古文
也環字象形伯俗父鼎錫赤⊖市㠯閑敨錫女𢦏衣⊖市究敨錫女赤⊖

市望敢錫女赤⊙市皆如此作居上一字阮釋遷疑是還讀為旋全下一字未詳案从㸚佀火字疑此為璘惜字書未收用絲金作鼎者記所費也或讀絲為茲非孝讀考古字通用詳仲師父鼎彝說文究古文作[illegible]此㝕鑠耳鬻鬻煮也詳增鼎鬻鬻牛鼎大鼎也蔡邕薦邊讓書函牛之鼎已烹雞多汁則淡而不可食少汁則熬而不可熟此言大器于小用不宜也是也阮云此鼎高二尺圍四尺深九寸款空也足作牛首形是亦六鼎矣第二節敘曶售允𢾊五夫之事舊讀生詳駟比鼎異地名無考阮讀冀氏季即厥詳𠡦父鼎俗釋乃非覩此銘首節一乃字此節二乃字五廼字末節三乃字兩及字五廼字亦斷然不可混矣小子當是官名詳師𡢁鼎允𢾊二字合文舊止釋作𢾊非覩下文作[illegible]文作[illegible]一单併名一兼係姓也左傳允姓之戎居于瓜州歷代紀事年表嬴已偃允四姓俱少昊後此為允姓𢾊名也𢾊說文作

⿰⿱林隹攵云繳㪔也一曰飛㪔也从隹㪔聲案鳥罟也羅網之屬可收可放者段氏云繳字當作此限人名𧶠舊釋賣非賣从出買作𧷓𧶠从貝𡍬作𧶠說文云𧶠衒也从貝𡍬聲𡍬古文睦讀若育是𧶠為鬻粥本字今所用售字也說文無售此从𡍬即𡍬篆法𧶠不得从目也𧶠女五下蝕二字據下文當為夫𢼌二字束舊釋黿案不娸敢錫女弓一矢束召伯虎敢攈古錄三之二⿱幸又寢氏帛束文義茲非黿字蓋象橫褢交束形是束字也詣舊釋詔非說文無詔字大徐所補十九文始有之文選注三十五引獨斷云詔猶告也三代無其文秦漢有之古刻安得有詔字乎且詔从召召从口刀聲此从占下文从占亦非口上刀也案古刻偏旁从旨者如䭬字多从占說文旨从甘甘从口含一作日古刻者伯晨鼎䭬从占与此言旨从占亦同知此碻是詣字下文䭬字从占又与从占者近矣詣者至也此銘文義乃是詣井林辨之猶今人被控者到案也所云人名下文

[illegible][illegible]器之此字說文云斦二斤也从二斤闕案闕謂不知其聲且何讀大徐作語斤切朱駿聲㠯為即椹櫍之櫍質字从之得聲阮氏讀質惟不㠯為人名耳畀俾省賞償省勻舊釋曰非戎都鼎用[illegible]賢壽之此形說文勻乞也參門地名楬舊釋枝非录伯𢦏敢四匋之匋作[illegible]此从木从[illegible]是楬字也木楬者㠯木標識地界周礼職金注所謂楬櫫也爰鍰省[illegible]從錢獻之釋出它器作[illegible]即此[illegible]阮釋詞案此字从[illegible]从言太師虘豆用[illegible]多福从㫃蓋旂省知古文祈有从言从旂者非特叚旂為祈也又有白㽙敢作[illegible]益明顯矣王人王朝之人公羊傳王人者何微者也曷為序乎諸侯之上先王命也造字省小爾雅廣詁造進也孟子深造注造致也是也付阮釋收誤戍下有重文舊釋越非恆字心𠄢从亙可訂小篆从舟之謬龖阮釋龖此左[illegible]即[illegible]乃龍字右[illegible]為有令鼎有司之有作[illegible]之从夕古文月夕通用說文龖

兼有也从有龍聲讀若聾玉篇𩑶下云龓頭繞者是龓即牢籠字吳都賦沈虎潛鹿馬龓僒束是其義合紐未詳阮釋彝省詳鄙比鼎酉即酒詳𢇍鼎彶用為及委阮釋每讀悔古刻𩬊緌二字同形女母二字通用當隨文義讀之詳曾伯霥簠甯母鼎左成二年傳王使委于三吏注委屬也即銘意所用舍施舍也大五秉者大量也小爾雅鍾二謂之秉二十六斛史記田敬仲世家田常以大斗出貸小斗收之漢書貨殖傳漆千大斗注大斗者異於量米粟之斗也今民間斗斛有加一加二加三者皆大量也十尚讀十當如云當十古貨幣文有尚釿尚𤔔即鍰二字其文倒順不一見古泉匯尚可讀釿尚𤔔尚此云大五秉曰十尚言五秉可當十秉所以為大也𤔔字依阮釋若即諾之古文既从口又从言於義為贅知諾為後出字也𨒪恒龓合紐省皆人名即五夫也此節言允𣪘售五夫而未得價值乃以時人名限者訟于井

林言我吕五夫售女而效父乃取絲馬用之限乃詣訟所辯之曰非效父用世有時人名所者使我償之馬而效父使我還絲于所是絲馬皆歸所矣玩銘詞曰償曰復及下文所又祈[illegible]金成于所所復命曰諾知允歡宿負所債故其出售五夫所即收其所值之絲馬也效父乃為允歡謀使之求王謂歡因債參門邑田徙居之故售五夫其值可得百鍰若非出此五夫之值則不能債蓋欲吕王命脅所玩下文曶舍允歡五秉俾處邑田知參門為曶地所又祈罘[illegible]金者索債也怵于王命故曰祈井林乃判之曰王人實主此事所售五夫不付之于曶則毋使事成也欲成則成于所耳言必須所不為難及曶既受恆龖等五夫吏吕事成告于所又使曶吕羊酒及三鍰用于到來之人蓋謝之也曶湲之乃吕屬之于所并施舍允歡吕五秉使處邑田即債徙參門也所允之故使人復命第三節敘曶索匡眾寇禾

之事匡眾人姓名𠂤臣廿夫謂其臣二十人即匡眾之臣也玩此𠂤字語气即知釋乃者誤矣秭詩豐年傳數億至億曰秭爾雅釋詁注今呂十億為秭匡季當是匡眾之族人東宮太子也詩碩人疏太子居東宮因呂東宮表太子龙及𠂤人姓名得从貝見得鼎嗌𤰈朏莫皆人名即四夫嗌說文云咽也[illegible]籀文嗌上象口下象頸脈理也𤰈未詳阮釋專不合篆形朏阮釋恆此為左出右月說文作[illegible]者也古作[illegible]出字有[illegible][illegible]二形具說文作[illegible]云从貝省此从貝不省具者皆也全也弋阮釋在非說文弋作[illegible]此作[illegible]同也牀妼敢妼字作坤妼釐母敢妼字作[illegible]𠬝从之弋皆如此說文必字从弋此銘弋字即必之省蓋与才為在貞為鼎同例即用所得之賚為本字也賞即償下同来歲二字從阮釋[illegible]即卌廣韻二十六緝卌先立切下引說文云數名今本說文無卌而林部𣞤下云卌數之積也耒部𦓤下云卌叉知許書原有卌字

傳本奪耳漢石經論語年卌見惡焉宜㠯四十字為卌敔敢執緯山亦此字
H字奴乃人名阮釋舟受從阮釋山即卌高克尊山夫乃是卌夫王
黼釋山非此節言匡眾之臣寇取曶禾十秭匡眾託匡季告東宮言
寇禾者為尨姓及名之人非匡眾也不知尨及未嘗寇禾不應得此大罰意謂
匡氏寇禾至十秭之多則罰大矣蓋不任匡眾推脫匡眾乃㠯五田及嗌
朏等四人償曶言我未全寇十秭意蓋謂尨及尒嘗寇之曶㠯匡季
告東宮者謂匡季前所言尨及寇禾者皆推詞故告東宮使弗聽匡
季之言為匡眾開脫也東宮乃使匡眾償曶禾十秭又遺送十秭合
為二十秭如果來歲尚不償此二十秭則令倍償之為四十秭所謂大罰也
匡眾乃於前所許五田之外加二田又用一臣名H者就曶千求之曰前
止嗌朏等四夫今又加臣H為五夫矣曶受之計所值得卅秭蓋讓十秭也

克鼎

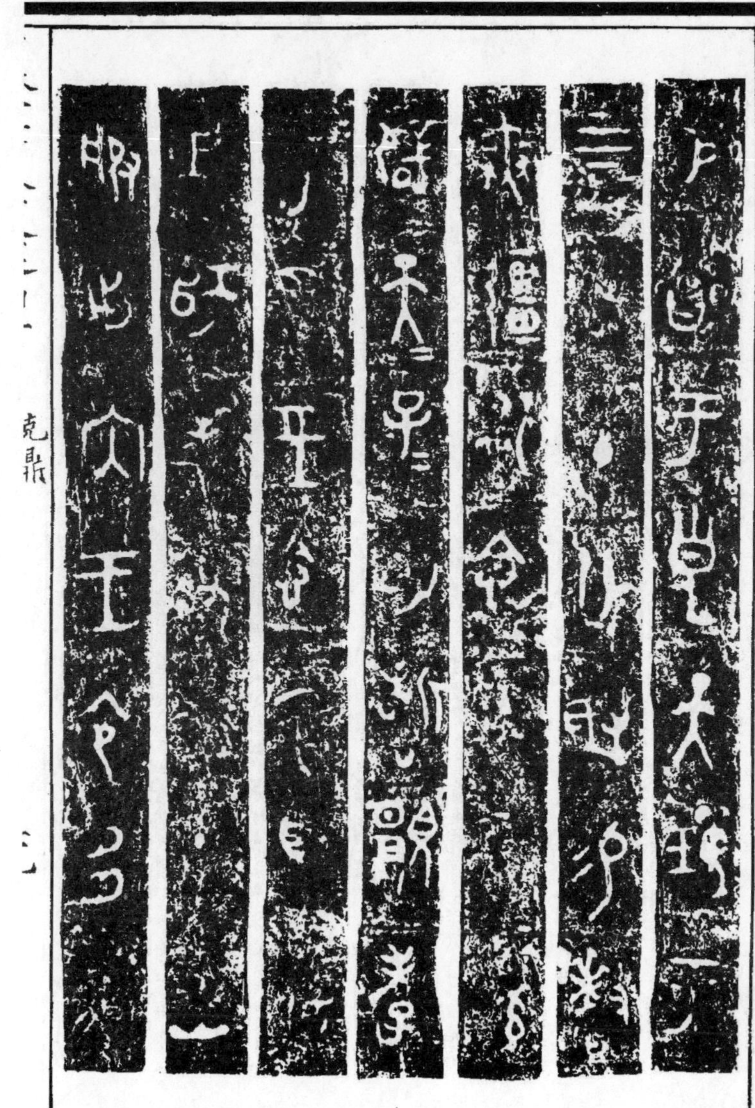

克鼎

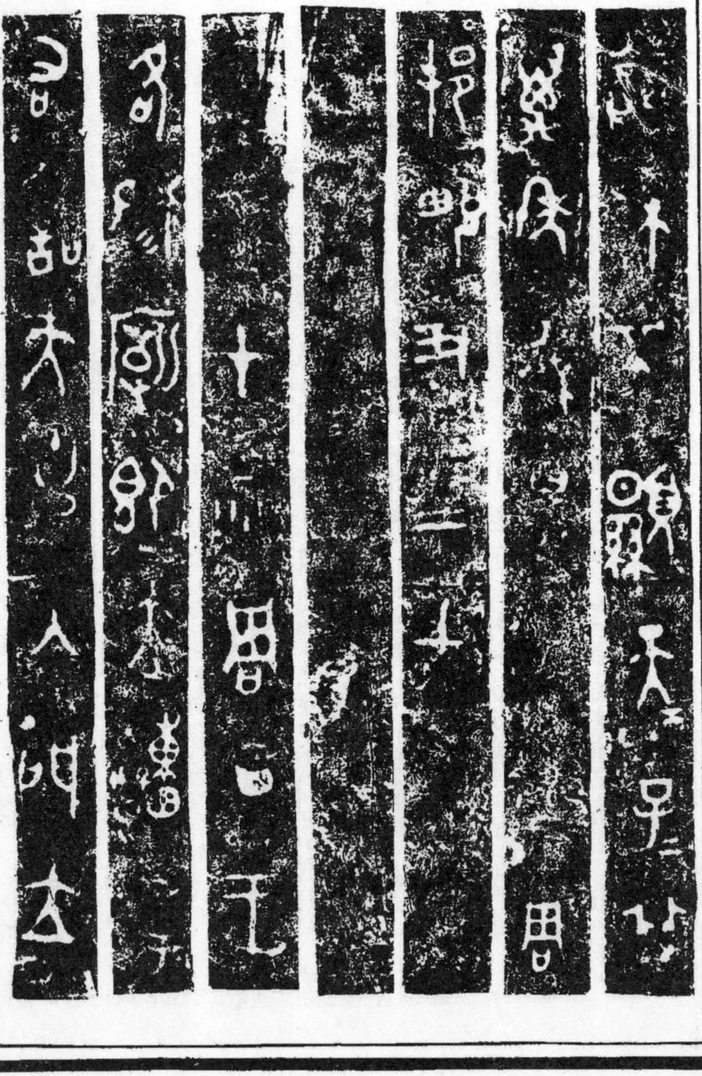

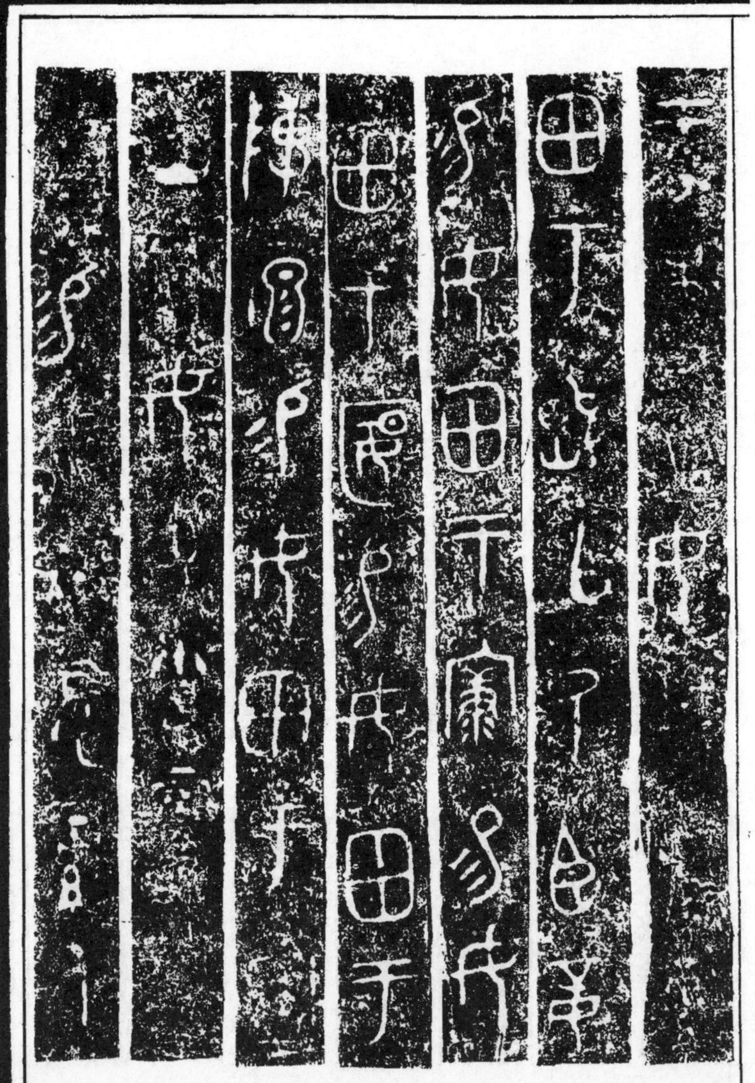

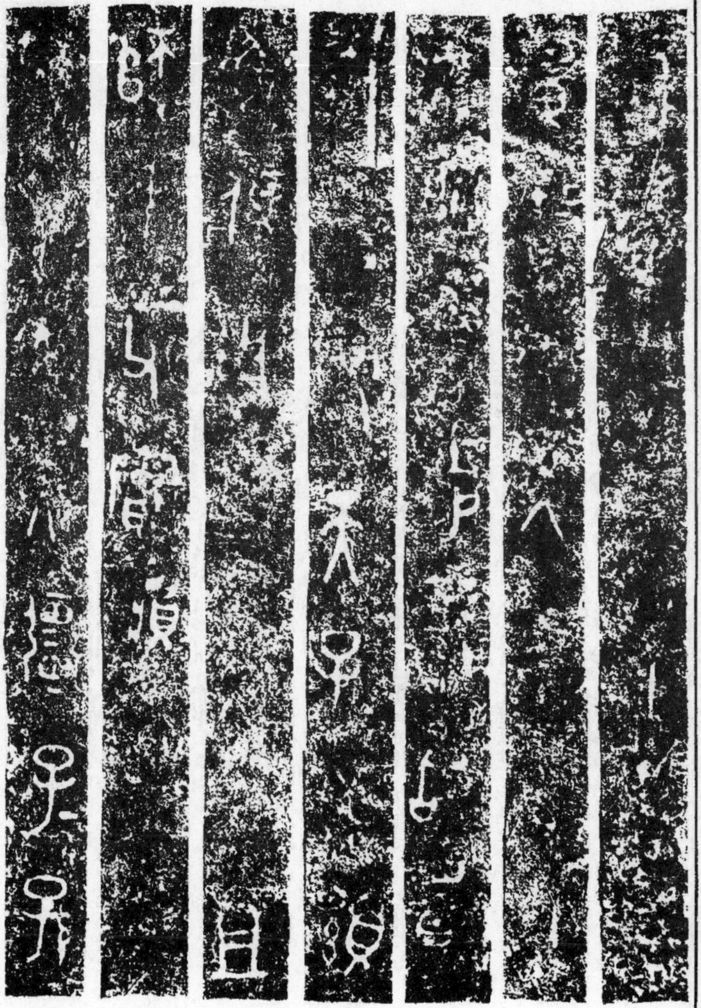

克鼎

克曰、穆朕文祖師華（賁）父、恖（聰）
○氒心、甯靜于猷、盄悊氒
德、䋣克龏保氒辟龏王、諫
辥王政、○雩萬○○遠○
○䋣克䛐于皇天、瑣于四
○屯（純）亾（無）敃、易（錫）贅無疆、永念
○○○辟天子、○悊覠孝
○○亟念氒、○○祖師華（賁）
父○○王服出内（納）王令（命）、多

○○○不(丕)顯天=子=、其萬秊
無疆、○○周邦、畯(允)尹(君)四方、
○○○○○○○○○○
○在宗周、丁、王各(格)穆廟、即
立(位)、䜌季右(佑)善(膳)夫克入門、立
○廷、北卿(鄉)、王乎(呼)尹氏冊令(命)
善(膳)夫克、王若曰、克、昝余既
令(命)女作○○令、今余惟䜌
亭(廓)○令(命)、○女○○參同華
恖、易(錫)女田于笙、易(錫)女田于
○○女○○○田于䣄、邑

氒臣妾易(錫)女田于康易(錫)女
田于匽易(錫)女田于陴原易(錫)
女田于○山○女○○○
○○易(錫)○○○○人○○
○○○○○○○○○○○
○○○○○克○譛眚○
○○天子不(丕)顯魯休用○
○○祖師𡘲父寶䵼○○
○○季無彊子=孫永寶

右潘師器寶應劉佛青農部嶽雲贈本銘陽文格二十九行行十字共二百八十又九字天子重文四又子字重文一蝕七十九字此本翦貼呂釋文存其原式

克作器者名下文云膳夫克乃其官也穆朕文祖者蔑耑美其祖德深遠也奔通賁詳毛公鼎□与本句□異案毛公鼎朱市□衡碻是蔥字近人謂象蔥形是己又宗周鐘倉倉□□是鎗鎗鏓鏓阮釋它非此銘則用為聰也□近人或釋咢吕為愕余謂當是𢿢說文𢿢亂也籀文作□□从衣𢿢聲徐鍇曰二口噂沓也爻物相交質也（爻即清）己象交構形工人所作也亂者理也案賛襄字本是𢿢（詳蘇甫人匜）籀文与此銘近此當是讓毛公鼎□辥氒辟則襄字也氒即厥或釋乃非詳勬文鼎⿱叔皿即淑从皿者說文叔拾也（詩叔苴傳同）即其取皿之義疑⿱叔皿為叔之異文叔淑通用耳非敢蔑人不□井𡰥妊鐘覲□文祖皇考文義皆是淑辥氏款識盄龢鐘作□之⿱叔皿字誤釋盄也絺即肆即遂詳絺鼎龏通恭詳頌鼎諫廣雅釋言促也此當是敕盄鼎敏□罰訟之同斯義辥即𨐨說文𨐨治也从辟乂賛

虞書曰有能俾乂此即乂之本字（乂乃刈字）古刻作辪辪晉姜鼎辪我萬民宗婦壺保辪鄁國晉公盦保辪王國𤔲辪爾家毛公鼎[illegible]辪厥辟皆辟乂字楚詞天問革孽夏民吕孽為之詩保艾即書保乂通叚固不一也項説文云頭項項謹皃風俗通皇霸項者信也敃詳仲師父鼎𩓣詳䣄侯鼎覭詳史頌敢内讀納尹君省左隱三年經君氏卒公羊穀梁竝作尹氏左昭二十年傳棠君尚釋文君或作尹執卣君佫于宮亦吕尹為之即立讀即位詳頌鼎𦅫即緟説文緟增益也即重疊字古刻从東者重从東聲也又从田為𤲞从𤔔乃亂字𤔔从幺即糸是𦅫即緟矣此𦅫季為人名下文𦅫亭義為重疊𠧟敢令余惟𦅫𦾔厥命牧敢令余惟𤰈（殘）𦾔乃命庀敢令余惟𦅫𦾔乃命皆与此同文毛公鼎𦅫[seal-form]大命又云余唯𦅫先王命女亟一方近人謂是纘字案説文疃从田童聲（即疃字）徐音土短切（詩東山釋文疃本又作𤲞他短反）蓋吕

東短叜聲故从東淂眘之字亦可讀纘（重童皆从東聲）又案緟亦可讀𨒭離騷及前王之𨒭武注𨒭繼也是也陳侯因脊敦紹緟高祖从糸从東（重省）明是緟字而文義必讀纘亦可讀𨒭葢音義通也𩫏宋人釋京余讀原細審此銘篆迹雖稍蝕礄是𩫏案說文𩫏度也民所度居也从回象城郭之重兩亭相對也或但从口此即城郭之郭據說解當奪𩫏字凡說文从𩫏者如京高字古刻止从亯無有亼下作吕者後人變寫耳繹山刻石高作髙亦不从古可證也（今人吕髙為正高為俗失攷）𩫏吕亯亭為兩亭相對此从兩合相絫意實同也罨敨从高者蓋京亭二字皆从高省故許吕𩫏从亭而古刻从高从京（此銘及𢻫敨龙敨皆从京）皆同形通用耳此銘讀為鄘緟𩫏厥命者蓋箵既錫命令又重鄘其命謂推廣之也善膳省叅同芊悤筌𣪘康 匽皆地名芊从屮乃芊省玉篇芊魚丘切芊艸此从茻據大徐本說文艸部後附大篆改从艸之字从茻者五十三字此當大

篆也笁即竺説文二部竺厚也从二竹聲又亯部簹厚也从亯竹聲皆与篤同楚辭天問帝何竺之注竺厚也案从工从二各不同余吕築古文作篁推之知从工从土皆是而从二者為譌省築从筑〻从巩工即巩省也古文从土从簹則此銘竹下从土乃省亯耳寫者省从二許遂收入二部試思二於厚義何涉乎毗从田从山从允古刻中毗字義即允如上文毗尹四方是已亦可讀畯通駿俊訓為大此又从山葢合峻字為之康字見説文陴原亦地名字書無陴字疑即溥原

盂鼎

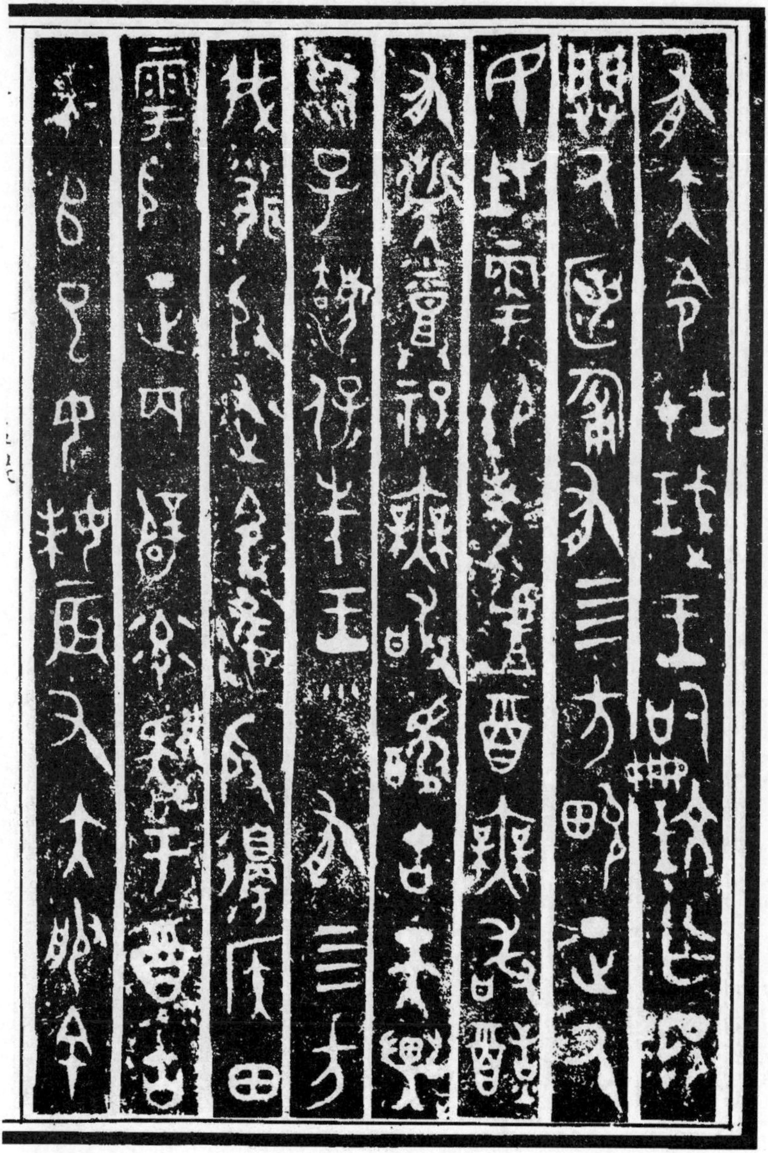

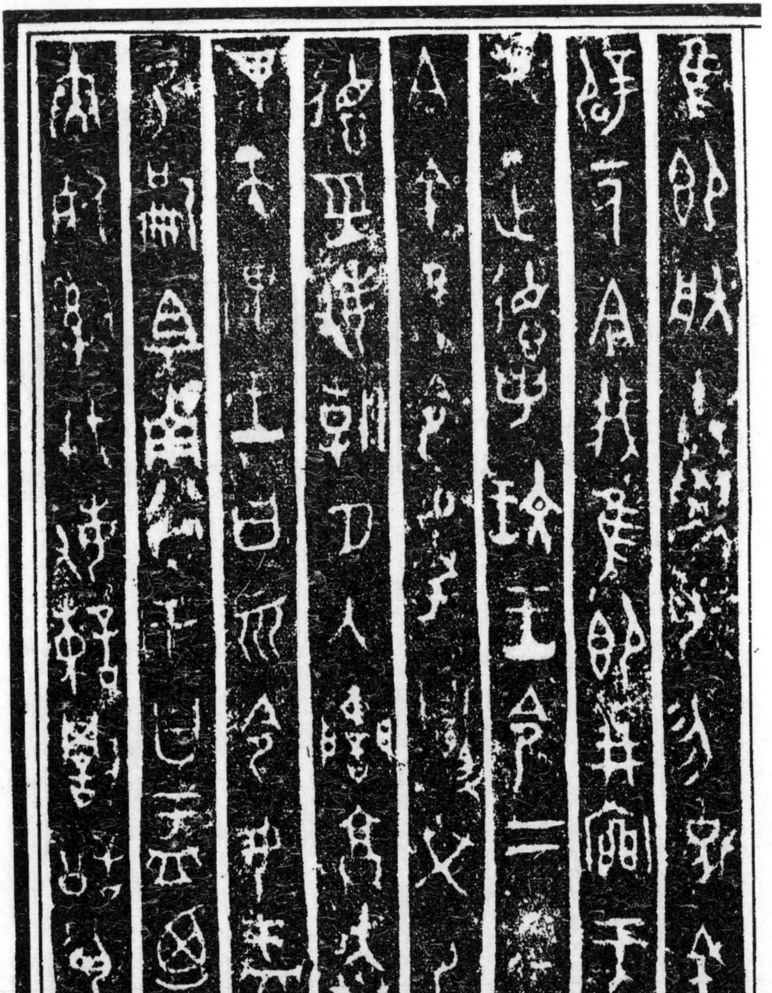

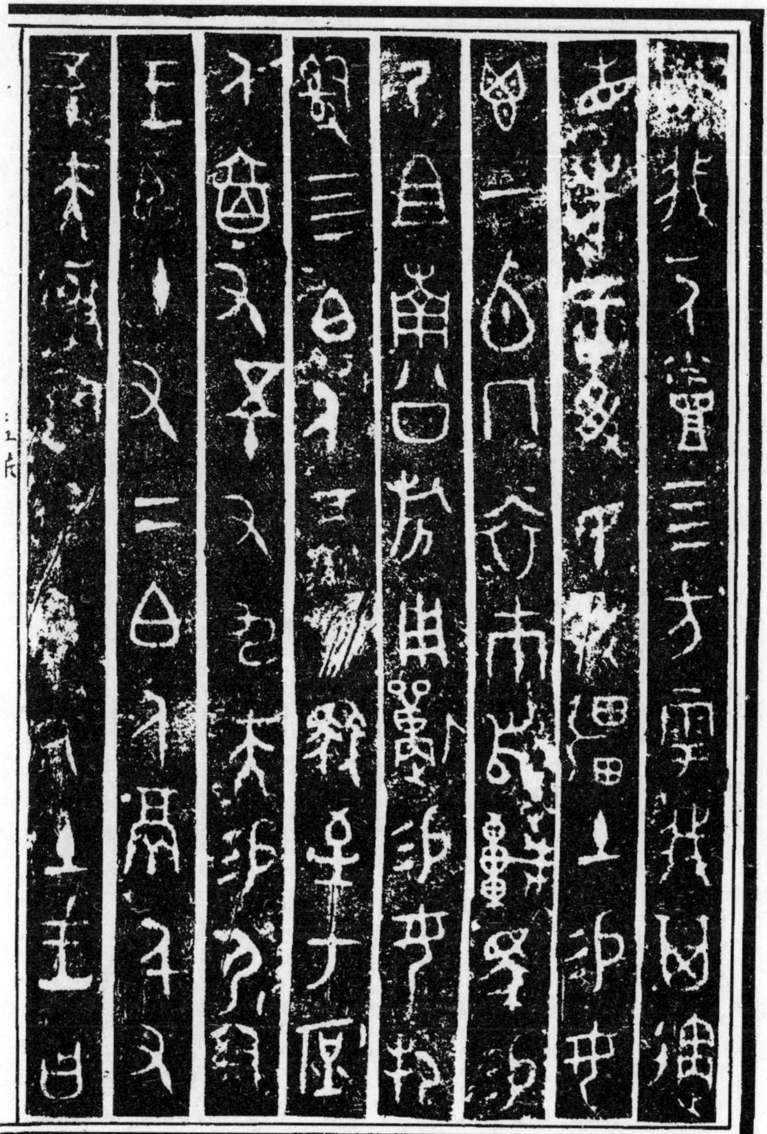

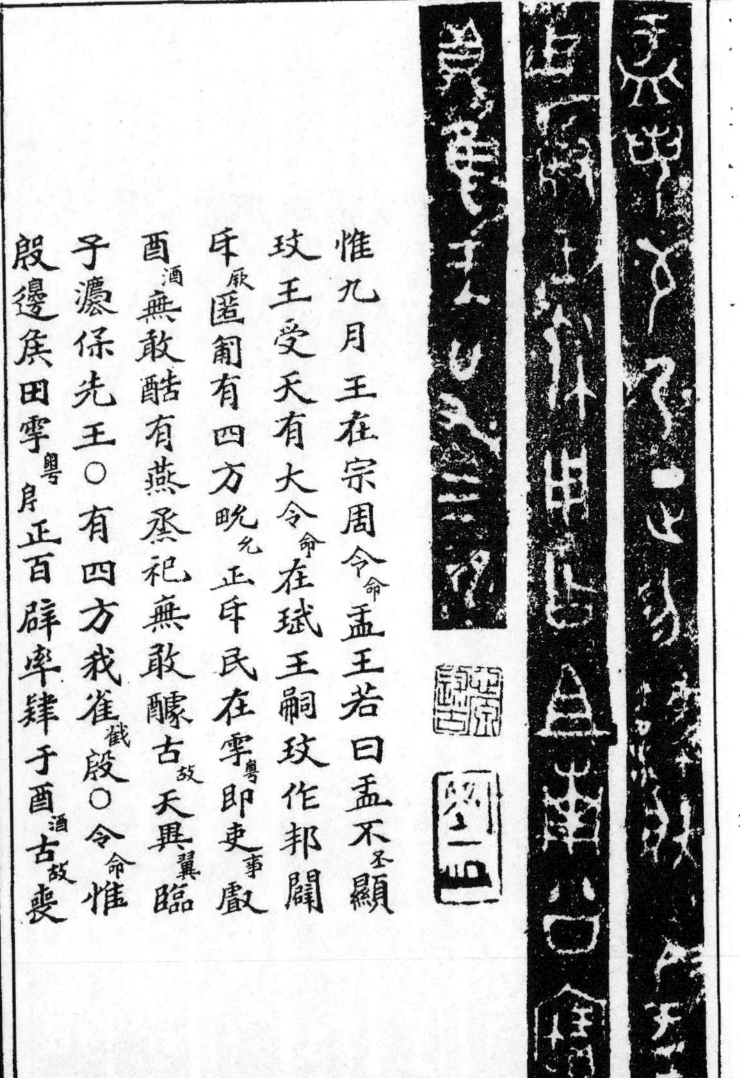

惟九月王在宗周令(命)盂王若曰盂不(丕)顯
玟王受天有大令(命)在珷王嗣玟作邦闢
氒(厥)匿匍有四方畯(允)正氒民在雩(粤)即吏(事)䖒
酉(酒)無敢酷有燕烝祀無敢醻古(故)天異(翼)臨
子灋保先王○有四方我雀(截)殷○令(命)惟
殷邊侯田雩(粤)月正百辟率肆于酉(酒)古(故)喪

𠂤(師)己女妹(沬)辰又(有)大服余惟即朕小(少)學女
勿勉余乃辟一人令我惟即井(刑)㐭于玟王
正德若玟王令(命)二三正令余惟令(命)女盂
昭艾苟(敬)雝德巠敏朝夕入讕(諫)亯奔走畏
天畏(威)王曰於令(命)女盂井(刑)乃嗣祖南公王
曰盂廼昭夾死(尸)嗣(司)戎敏諫罰訟夙夕昭
我一人烝四方雩(粵)我其遹省先王受民受
彊土易(錫)女鬯一卣冂(冕)衣市舄輂馬易(錫)乃
祖南公旂用遷易(錫)女邦嗣(司)四白(百)人鬲
馭至于庶人酉又五十又九夫易(錫)𡰥嗣(司)王

臣十又二白（百）人鬲千又五十夫極〇〇〇
乍土王曰盂若苟（敬）乃正勿灋（廢）朕令（命）盂用
對王休用作祖南公寶鼎惟王廿又三祀

右潘師器銘二十行弟十一行空地無字餘每行十五字亦有擠寫多一二字者共二百又九十字蝕一字此本翦貼釋文即原式也見攈古錄三之三愙齋集古錄鮑康觀古閣叢稿跋此鼎云道光閒岐山出土初為宋氏所得置祕室不以示人周雨樵偵知之遽豪奪去余曾乞其打本請觀則不可雨樵逝此鼎復出左相國購以重資心源案光緒初潘文勤師聞鼎在關中函致左文襄公乞打本左即遣人輦鼎贈之釋者十餘家不暇記也盂作器者名或云即邘晉應韓之邘然下文云乃祖南公則非武穆矣且王命未有呼國名者其謬不待言也又有謂顧命南宮毛即此宮為公譌毛為盂譌附會至於改經就己妄

美玟珷皆从王蓋會意字或云皆是玉旁引說文玎公為證此佀是而非實未諳篆㳒也古文王作王本銘可證末畫重者李陽冰云取王者有土之義此二字从王末畫皆重碻非从玉吾攷中鼎云旅裹人裹地名太史錫于珷王作臣本是珷王二字王黼誤釋踐玉當吕此銘訂之闢說文云開也重文作闢引虞書闢四門云从門从𠬞即此厈即厥俗釋乃非詳勘父鼎闢厥匿者去蔽也匍有讀扶佑詩生民釋文匍本作扶谷風匍匐救之檀弓作扶服是匍扶通也哀公問不能有其身注有猶保也是有佑義同也既即允詳克鼎雩即于即於之即粵曰越皆一聲之轉鐘鼎家遂未加察多不得解惟貞隱園㳒帖釋𣏟弓鑄雩厥行師雩生𣏟弓云二粵字於文義甚明舊作雩非案此吕从雨者為粵与从雨之雩異故斥博古圖釋文為非然知有粵仍未知雩即粵也雨古文雨字見說文雩雩實一字牧敨先王作明刑用雩乃兆庶

有盄寅簋有進退雩邦人正人師氏人与此銘在雩即事𠭯酒皆用為于為於爾雅釋詁粵于也又云粵於也是其義毛公鼎王曰父厝雩之庶又云雩參有司又云雩朕褻事靜敔雩八月初吉庚寅善鼎余其用格我宗子雩百姓余用匃純嘏雩萬秊井侯尊雨邗若元侯見于宗周又云雨邗若謁璧雝从雨从邗舊釋雨刊二字不詞邗即于詳玐鼎与此銘下文雩我其遹省先王皆粵字尚書用曰用越堯典曰若稽古帝堯盤庚越其罔有黍稷泰誓越我御事庶士武成越翼日癸巳皆是說文粵于也審慎之詞从于从宷漢書楊雄傳注越曰也詩園有桃箋曰於也是其義古文止㠯雩為粵又从雨作雩小篆仿雨變从宷遂分為二後人但知雩為旱祭為地名今㠯古刻證之可悅然矣𠭯取也說文𠭯叉取也寅簋奪𠭯行道亦是奪取之義酉即酒詳𦇧鼎吏用為事詳玐鼎酷或釋𨡓非𨡓說文作酮此从𠳿於凶句二形無涉孜邗敔造字作遙佑惟造余漢中平洗造字作𨑒富世造其所从之告与𠳿同知此从告

又从火古文火字也此盖合焅字為之說文焅旱气也乃酷烈本字酷酒厚味
也自叚酷為焅烈字而焅廢人識又昧酷本義矣燕遂徐籀莊釋或釋棐
篆形文義皆失烝汗簡米部引義雲章蒸作[illegible]太師虘豆云作[illegible]豆
說文登籀文作[illegible]知𣡌从籀文登省礼記祭統冬祭曰烝是也字或省从焚
卣王歙西宮[illegible]畢段敔王貞畢[illegible]亦烝祭字此銘下文夙夜昭我一人[illegible]
四方亦烝字与詩文王烝哉同義毛傳烝君也是也或釋豊非醻从[illegible]象虎
舉之詳[illegible]尊又从酉為醻說文醻會歙酒也即朋歙之義或釋醻失篆形
古通故說文古故也楚辭招魂故居注故古也異翼省虢叔旅鐘皇考嚴在上
[illegible]在下亦吕異為翼〻有覆冒義又輔助也[illegible]乃爵字詳毛公鼎爵即雀
此銘文義為戳省截俗作戳𣪊下一字未詳或釋遂讀隧遣矦田遣國之矦
名田者路史國名紀遣商時矦國春秋傳莊十九年周大夫遣伯是也正官

長也肄說文作肄云習也从聿希聲籀文作隸篆文作肄此𦘔即篆
文克鼎𠭯克龏保厥辟龏王縣妃彝𡒊敢肇于彝文義皆是𦘔即肄知
古文肄肆實一字後人分為二此銘讀為率肄于酒義更穩洽吕師省
己字截句大誥已予惟小子傳已發端歎辭也此作㔾乃辰巳字今俗已止
已矣字作已辰巳字作巳篆書已作㠯即以之本字今人以作㠯盖本於
繹山刻石㠯開爭理其實㠯為似之反形似篆作㠯李斯僭為㠯耳說文巳作㔾㠯
从反巳作㠯謂倒巳字也故匕㠯同形詩似續妣祖箋似讀為巳午之巳巳續妣
祖者謂已成其宮廟也是漢人猶用巳為已也妹即酒誥妹邦傳云妹地
名紂所都朝歌已北是詩作沬辰時也又通有服謂所服之刑酒誥羣
飲執拘殺之故云女妹地時有此大服銘云女妹則盂為衛人矣下文云乃祖
南公證之左傳南楚史記南文子皆衛人疑即其後也小通少抹弓鎛女

少心畏忌毋曰余少子少臣惟輔左傳從我而朝少君釋文少本作小皆可
證勉爾雅釋詁勝也此言女勿有勝我之心蓋欲其聽訓䛀從籀莊釋
最碣勉也戓釋憲非艾敬大敬小爾雅廣詁艾大也□苟省用為敬詳
太保敢雝戓釋舊戓釋奮皆不合篆形晉姜鼎巠□明德毛公鼎□
我邦小大猷說文雝从邕〻下云四方有水自邕成池者从巛从邑□籀文邕
案邕即雝之正字○○象池形巛即川古刻从水与川同意此銘省水仍是雝
字小篆从隹古刻从□与虢季子白盤維字同因思仲𣪊父敢有𣪊字
說文𣪊字从之而許云从隹𣏟吕古刻雝維二篆證之疑許書奪𣪊字戓
云隻字是也巠即經戓讀堇非讕即諫說文分用天畏之畏讀威皋陶
謨天明畏釋文畏徐音威馬融本作威是也於戓釋永說文烏古文作
□□云烏盱呼也取其助气故吕為烏呼此□即□說文古文加□即烏字嗣祖

當是盂所出繼者夾倉頡篇輔也昭夾即洛誥公明保予沖子之意如為尿省即尸字主也嗣戎者司兵戎也烝粤皆詳上文適省或釋邁相非邁从萬萬即蠆説文作□古刻作□皆象蝎形故兆象其足尾不得从内即内即楷書萬之从㕯不从内何況古文則不得援尚書勵相二字為説也盖適从𥁕𥁕从冏即呐故得从内其从中者毛公鼎𨑮務鯀寡之務吕敎為之作□解具於彼其所从之矛正从中知此从矛省冏省又从㞢是適字也爾雅釋言適述也孫注適古述字讀聿案詩適追來孝禮器作聿追左昭二十六年傳聿懷多福注聿惟也是其義宗周鐘王肇□□文武之適省二字或釋建相盖不識所从之矛也省詳郘𪓐鼎諫詳克鼎冂冕省井矦尊衾冂衣市舃輦俗釋車詳𢽎伯鼎還即睘即狩循行也或釋邁非萬不从㞢内詳交尊馭詳噩矦鼎酋或釋百非酋長也魁也邦司國人𡰥司夷人二鬲字皆地名言賜鬲地

人若干如殷民七族懷姓九宗之類敬乃正者敬乃政也正政通用

毛公鼎一

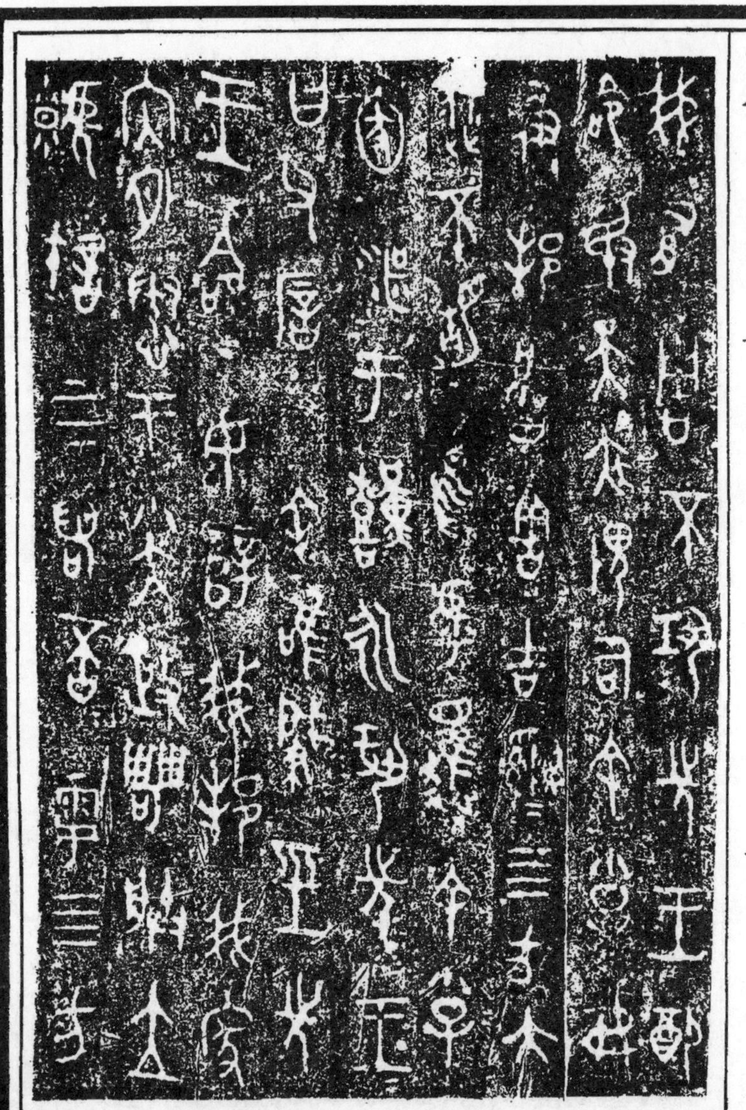

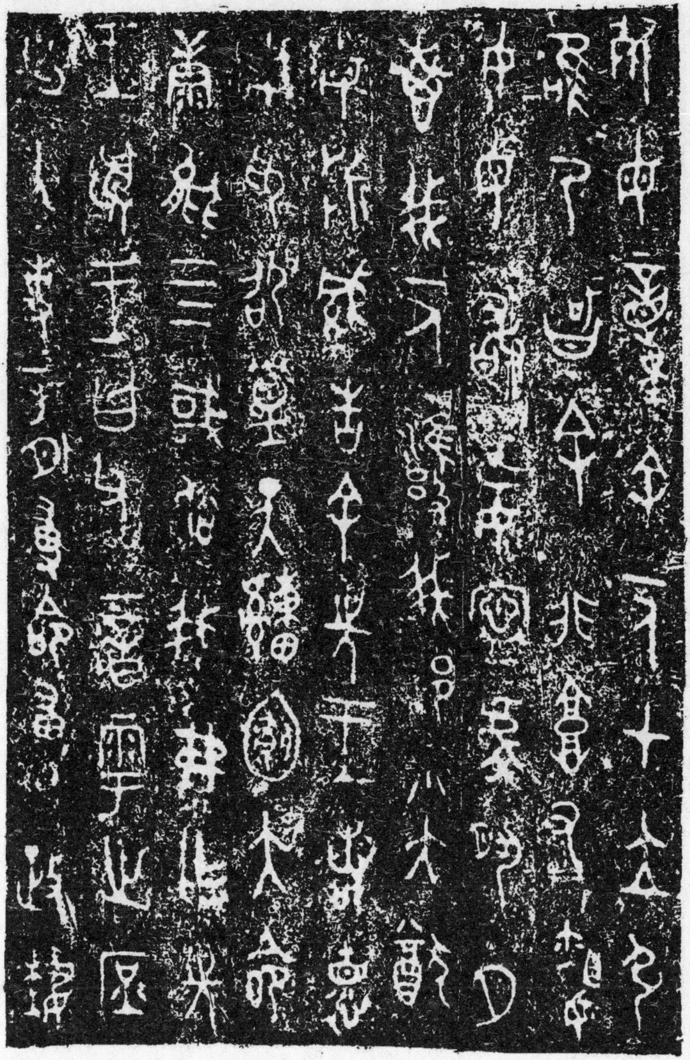

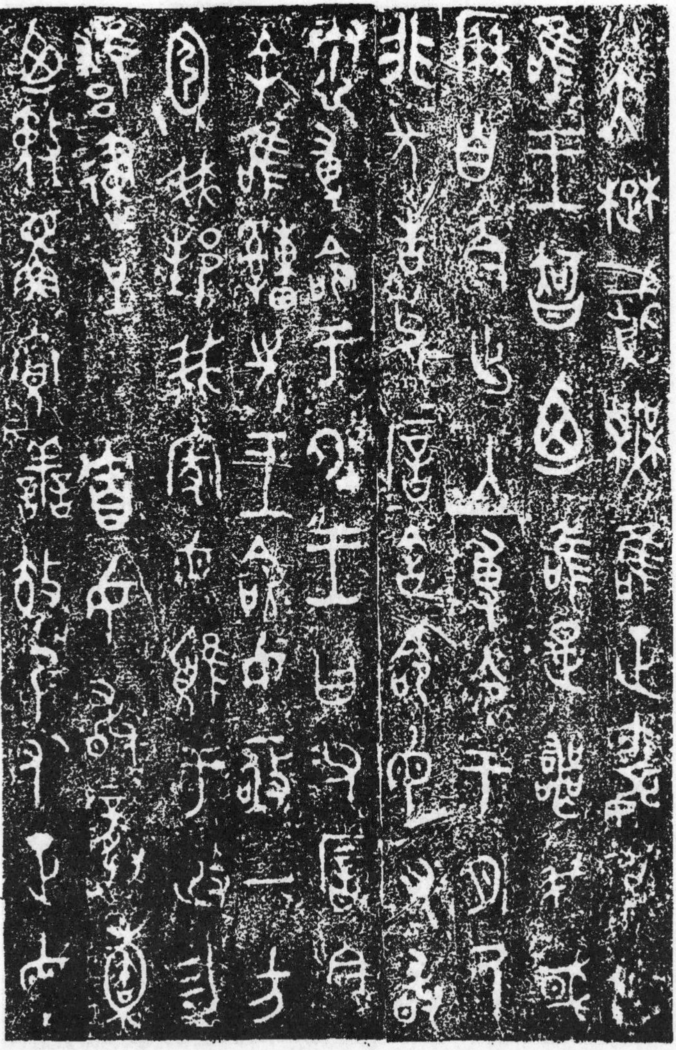

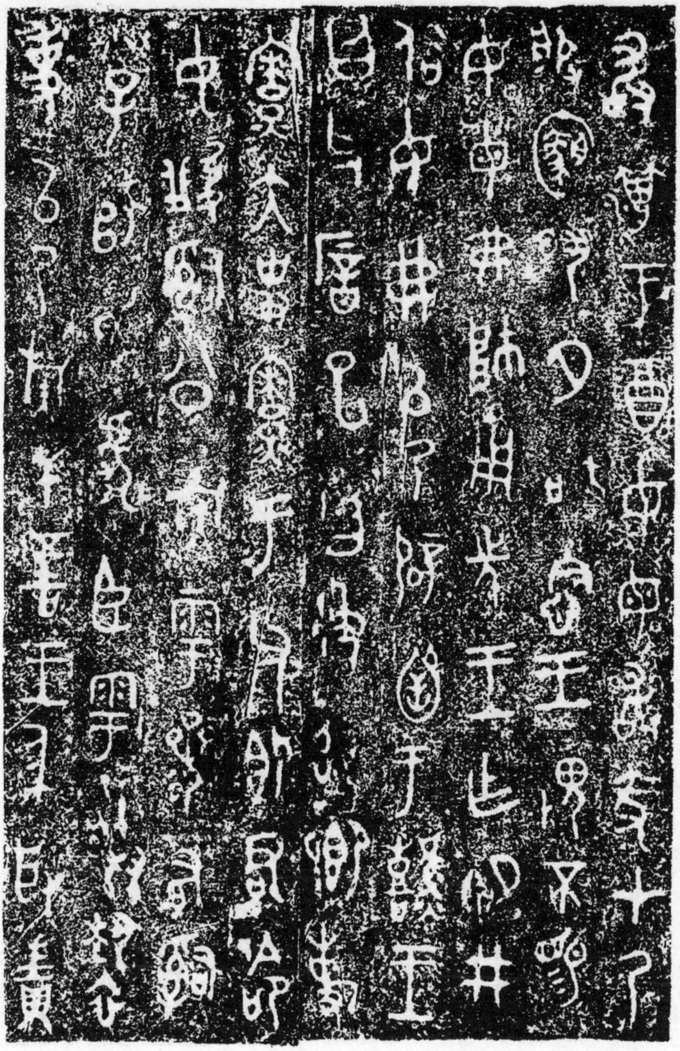

毛公鼎一

王若曰父厝不(丕)顯文武

皇天[宏]猒氒(厥)德配我有

周雁(膺)受天命率褱不

廷方亾(因)不閈(扞)于文武耿

光唯天𨶹集氒命亦唯

先正○辪(嬖)氒辟烝堇(勤)

大命緐皇天亾(無)吴(疑)臨保

我有周不巩(恐)先王配

命敃(愍)天太畏(威)司(伺)余小子弗

及邦庸害(曷)吉嗣=四方大
○不静烏虖趯余小子
家湛于艱永巩(恐)先王=
曰父厝余唯肇巠(经)先
王命=女辥(壁)我邦我家
内外惷于小大政甹朕立(位)
虩許上下若否雩(粤)四方
死毋瞳(動)余一人在立(位)【宏】
唯乃智余非𩫏(鄘)又婚(昏)
女毋敢妄(荒)【甯】虔夙夕
叀(惠)我一人雝我邦小大猷

毋折緘告余先王若德

用印卲(昭)皇天䪉○大命

康能四或(國)俗我弗作先

王拜王曰父厝雩(粵)之庶

出入吏(事)于外尃命尃政埶

小大楚賦無唯正婚(昏)○○

唯王智迺唯是喪我或(國)

厤自今出入尃命于外氒

非先告父=厝=舍命毋又(有)敢

惷尃命于外王曰父厝今

余唯䪉先王命女亟(極)一方

宖我邦我家毋　于政勿
雝（壅）建庶○○女敢龏槖
廼敄（務）鰥寡善效乃友正毋
敢○于酉（酒）女毋敢家（隊）在乃
服○夙夕敬念王畏（威）不睗
女毋弗帥用先王作明井（荆）
俗女弗吕乃辟圅于艱王
曰父厝巳曰及兹卿事（士）
寮太史寮于父即君命
女并嗣（司）公族雩（粤）參有嗣（司）
小子師氏虎臣雩（粤）朕褻

吏(事)㠯乃族干(扞)吾(敔)王○取○
卅妥(鍰)易(錫)女𩰫鬯一卣䙴(遷)圭鬲
寶朱市悤黃(珩)玉環玉瑹輦
桼檗(辟)較朱率宖(鞃)㯃虎冟(𠑹)
熏(纁)裏右厄畫轉畫𨐌金
甬遣衡金踵金豙剌○金
簟弻魚葡(鞴)馬三匹攸(鋚)勒金
○金雁(膺)朱旂○鈴易(錫)女兹
弁用歲用政毛公厝
對揚天子皇休用作
尊鼎子〻孫〻永寶用

右陳壽卿器銘四百八十七字蝕三字嗣王命重文各一又曆重文二子孫重文二陳氏所藏古器其精拓皆有償目可購得之惟此鼎祕不示人有以五十金購其打本者亦不能得同輩以此姤之至謗為贋鼎此石印本滕州柯鳳蓀編修劭忞所贈原式行數不可知也曆毛公名玉篇广部有曆於今切疑即此字乎即厥詳勘文鼎雁膺省率褱不廷方即詩榦不廷方之意毛傳廷直也言違道不直之國皆懷之亾通罔閑讀扞咢辥詳克鼎耆用為丞武釋勞非案設敢云有奭于我家舊釋婚余同釋眷非說文女部婚籀文作𡠜中季良父壺婚媾作𢓊中录伯㦰敦畫𩌦作𩌦中省韐詳後孜說文爵作𧯡象爵之形中有鬯酒又持之也又者手也所以飲器象雀形者取其鳴節節足足也許以𧯡象雀形則古刻从𧰼𧰼者之然其从卩即卩即節从尸亦卩字从彐即止即足古刻从止之字多作又象足形詳若癸鼎已寓節足之義其从巨者為鬯省小篆存鬯省矩意實同此於爵字形義已備說文觴籀文作𧯡从爵省

一八六

仲多壺作𩰫從𩰫之爵省盂鼎𩰫即爵即雀用爲截皆古刻爵字之證又從中女字也中名女字知古刻婚字從爵女會意詩有齊季女疏云女將行嫁父醴女而俟迎者婚從爵義蓋取此許書籀文從𩰫即𩰫從止乃尹之叜從㔾爲巨譌從屮爲中譌必寫者涉於𡘋字而誤當據此訂之此銘余非𦎧又昏無唯正昏皆用籀文婚爲昏又畫轉畫䡈與寅簋畫䡈同即䡈也說文車部䡈車伏兔革也從車𡗒聲玉篇作軝廣韻作輡小篆從車古刻從𩰫當作籀文之緐也若毀敢之𩰫與此銘𩰫勤大命竝從爵省非婚字皆不從女乃𧅬也說文𧅬𧈧也一瓢劃爲二謂之𧈧昏礼合巹字當用𧅬今所用巹字乃借巹而誤從巳也從豆蒸省聲蒸從艸丞聲烝從火丞聲丞從𠬞從卪從山山高奉承之義此銘從𩰫爲爵省小篆從卪益省也𠬞卪即後人用爲合巹字而音讀亦變許云蒸省聲徐作居隱切㠯蒸部字捝入真部非也彔伯𢦏敢自厥祖考有𧅬于周邦從𠬞即㚔即𨛜㚔詳後𨛜詳前凡毀敢彔伯𢦏敢之有𧅬與此銘𧅬勤皆用爲烝𧅬從爵省從豆從𠬞奉之即烝祭字爾雅釋詁烝進也廣雅釋詁一烝美也是其

義釋者輒與婚字相混故詳說之𡐓勤省緐即肆賨肄字詳盂鼎又詳緐鼎吳
即𢦏省㦰釋𢍰非說文乚部𢦏未定也从乚吳贊吳古文矢字𢦏即疑此銘
吕吳為𢦏耳巩恐省㪟愍省㦰釋斁非詳仲師父鼎太㦰釋疾非案說文泰古
文作𠅦从大从二古文凡重出字連書者下一字往往省作二謂二即上一字也古文
泰蓋本是絫二大字為之大而又大故曰太今寫太字大下加一點即𠅦省也
𣏟弓鎛毋𠅦毋已从絫大不省王𨐋不能識而釋為央非也古老子太作𠅦此
銘作𠅦𨑨如仌尸孖亯㚷妟有省有不省攷古者何可鹵莽說又詳𡩟姨鬲
孖商盤井尸㚷鐘司即伺說文凡伺詧字止作司加人者俗字也彶古文及字
說文彶及行用害通曷吉嗣猶賢子賢孫之謂趯說文云走顧皃義與懼
略通惷說文云愚也此即專壹之意噂从口當即譡說文無譡而彳部德从
譡聲玉篇譡匹丁切言也案說文甹亟詞也則譡从甹義取敏速毛伯彝

公服豐丁王位則用粤也虩許近人謂即虩愬雩即粤詳盂鼎奴者終也瞳讀憧〻擾也立讀位詳頌鼎𩫏即城郭字詳克鼎此用為廓爾雅釋詁孫注廓張之大也言我非夸張及昏昧也惠順也折屈折纖〻猷若德順德卬即仰从爪竟是印字卲讀昭詳頌鼎龢詳克鼎拜戓釋顛案此从□即頁說文云頁古文䭫首如此說文䭫从旨古刻䭫从頁是頁即旨也从匕即又手也書太甲傳拜手首至手蓋屈首至於手謂之拜手此从頁从又即拜之會意字也康鼎康拜䭫首之拜作□是其碻證友敢作□友拜䭫首如此則犮又為手說文皆未收失之呂覽分職明日不拜樂己者高注拜謝也此言女告我呂先王順德之事仰昭天命安國俗即先王意也則我豈弗為先王而拜謝女乎弗者豈弗也反言見意埶即藝治也楚賦者楚國之賦䫲當顯省即憔悴字雖讀壐害疑責讀債詳頌鼎龔讀供橐說文云囊張大皃敄務省詩外禦其務箋務侮也國語周語正作外禦其侮是務

即侮也此言女敢吕庶人財賦供私囊而廼侮鰥寡乎敢者不敢也𤕤或釋酒義是形非酉即酒详緐鼎𧰨即隊墨畏通威详盂鼎賜讀易井型省圅通臽己字截句書大誥己予惟小子傳己發端歎辭也是也御事即御士詩假樂箋卿士卿之有事也書牧誓卿士傳士事也于文即君者言卿士太史即吕文厝為王古稱諸侯為君周語夫事君者注君諸侯也是也併俗依博古圖釋繼条林弓鎛𣪘命于外内之事譽敔𨾴五邑之此字孜說文𢍏相從也从从幵聲一曰从持二為并許之𦓝解則从𠃊从幵後解則从𠃊从二古刻从𠦃𠦃即小篆𢍏作从者从井乃其聲也小篆則𢍏从幵从𦘔即𠃨古刻揚字凡字執字埶字亦从𦘔見於夲銘及叔弓鎛手持之義在、与說文合是并字也即併說文併竝也小子官名详師寰鼎千吾讀扞敔即扞禦也𠂇疑𠂉之殘文身字也譽即遷详𪓐侯鼎尚書大傳諸侯執所受圭吕朝於天子無過者得復其圭吕歸其國有過者留其圭能正行者復還其圭三年圭不復少絀以爵六年圭不復少絀以地九年圭不復而地削此言遣圭即所畄者□即𦥑說文𦥑所以枝鬲者从爨省鬲省然鄧始𦥑作□則从臼从鬲臼者手持之象正所枝持也此从鬲从口為臼省是為𦥑字𠦪弓鑄女應𦥑公家乙公𣪕永寶用□其義為𩰲說文𩰲用也从亯从自自知臭香所食也（自即鼻字）讀若庸廣韻以𩰲為庸古文是𦥑即𩰲即庸也𦥑寶當是庸器周礼春官典庸器注庸器伐國所藏之器若崇鼎貫鼎及以其兵物所鑄銘也案庸者功也銘功之器故曰庸器蔥詳克鼎黄即珩詳頌鼎瑹从□稍蝕碻是絫說文八部絫二余也讀与余同二徐皆不作音通訓定聲云即余之籀文故八部記文十二重一是也（寫者余下奪絫補於本部之末後人不知妄云二余也讀与余同而都數仍云文十二重一与本部不符且二余二字亦不詞知朱氏說是也）知絫即余瑹即瑹集韻瑹或作瑹廣雅瑹笏也礼玉藻天子搢珽方正於天下也諸侯荼前詘後直讓於天子也注荼讀為舒遲之舒舒懦者所畏在前也詘謂圜殺其首不為推頭諸侯唯天子詘焉是以謂笏為荼即

琭也金輦即金路㠯封同姓者見周礼巾車輦或釋車非詳基伯鼎𢍜或釋華

非棨𣏟夜鼎鑄其餴鼎即餴字說文云𢍜聲此作𣡕是𢍜字也說文餴重

文作饋餴知𢍜賁奔通易賁釋文引傅氏云賁古斑字文章貌此云𢍜繴較

謂斑繴斑較也繴即幦說文幦髤布也周礼曰駹車犬幦巾車云木車犬𧜵素車犬𧜵駹車龍𧜵許偶誤耳幦即幎幔也繴者施網于車上㠯捕鳥非此銘所用義故讀幦率从止即𨔝省左桓二年傳藻率䟽繂積其邊故稱率

玉藻帶率注率繂也疏繂是縫緶之名此率又从四口象縫緶形[illegible]即宖即弘毛

詩作鞃說文鞃車軾也从革弘聲詩曰鞹鞃淺幭讀若穹棄㠯革固軾中謂之

鞹鞃𧙕从人束从斲即𧝂說文𧝂衣至地也从衣斲聲竹角切直音云𧙕測角切短

衣也此銘蓋合𧙕𧝂二字為之無論長短其義則衣也說文襡短衣也即𧙕又云

韣弓衣也礼明堂位載弧韣注弧旌旗所㠯張幅也其衣曰韣廣雅釋器韣弓藏

也內則斂簟而襡之注襡韜也是襡韣通用𧙕蓋弧韣字矣阮釋吳彝𣃔為旂

非朱𡨄鞃䩛者言軾中之革与弓衣皆朱緧其邊也冟即幦宋人釋冕非弢
吳彝朱冟阮云从冂从皀當以皀得聲讀為虎韔之韔亦作幦心源案說文云
冟飯剛柔不調相箸从皀冖聲讀若適施隻切又皀下云穀之馨香也象嘉
穀在裹中之形匕所以扱之或說皀一粒也又讀若香據卿鄉二字皆从皀聲
知皀有兩音古刻冟字此銘及吳彝而外如牧敦虎冟伯晨鼎虎幃冟裏衣
伯殘敦虎冟皆幦字天無敦尊冟亦是幦阮云皀聲碻不可易熏纁省厄即
金厄詩韓奕傳厄烏蠋也箋以金為小環往往纏搤之疏以金接轡之端如厄蟲
然也轉說文云車下索也又有𩋃云軶裹也古刻轉字即𩋃畫轉者以革裹軶
而畫之金甬余向以為鐘說文鐘或作鏞然古刻凡言金甬者皆車上物案說文甬艸木
華甬甬然也金甬當是羽葆之類逪衡即錯衡說文逪迹逪也即交錯之本字
詩韓奕傳錯衡文衡也衡者車前橫木縛軶者也歱即踵周禮攷工記輈人五分其頸圍去一

㠯為踵圍注踵後承軫者金豪未詳刺下一字亦未詳簟弼即簟茀魚箙即
魚服詩采芑箋茀之言蔽也車之蔽飾象席文也魚服矢服也案孝經注左輔右
弼釋文弼本又作拂知弼茀通也服本作箙說文箙弩矢箙也又易服牛乘馬說
文引作犕牛乘馬知犕服通也攸勒即鋚勒鞶革也詳無叀鼎[illegible]近人釋觼
云从角从口象環有舌形案說文觼環之有舌者从角夐省詩小戎箋軜之觼㠯
白金為飾疏納驂內轡繫於軾前其繫之觼㠯白金為觼也雁膺省金膺馬大
帶㠯金飾之旂下蝕一字止存二畫近人釋作上非也玩其字勢疑是三字西清
古鑑載漢旂鈴云博古圖載漢旂之數凡七內府所藏有三鈴者蓋旂有七五四
三之不同而鈴亦如之心源案爾雅有鈴曰旂不言鈴數此說可補經傳之闕鈴字
从命古文令命通用也𢆶或釋絲案古刻元衣字作幺此从二幺即玆也說文
玆黑也从二玄春秋傳曰何故使吾水玆大徐作子之切段注云左傳釋文玆音玄本

亦作滋子絲反此俗誤爲滋益字凡滋孳鷀皆㠯兹爲聲而兹滋祇當音懸大徐於徧篆作布兹切是兹音玄不音孜也古刻88多用爲兹亦用爲幽蓋既不从艸艸山㠯爲別即當隨文義讀之非如小篆之有部首也此銘兹弁即玄弁玄冕也𠔏古刻朕賸字皆从此即𠔏說文覍冕也𠔏籀文覍从𠔏上象形𠔏或覍字案𠔏即𠔏（𠔏今作弁）皆古文火字說文之隶管子弟子職之櫛（櫛俗作𢶷）（管子注櫛謂燭盡）皆𠔏字說文朕送等字皆从𠔏聲而無𠔏篆惟覍下有𠔏許㠯爲覍之或字今觀此銘而證㠯古刻朕字知古文叚𠔏爲覍（弁隶皆真先部字）許未析言之後人不知乃欲補𠔏篆贅矣用歲用政即周礼春官太史正歲年㠯序事頒之于官府及都鄙也皇休者大休也廣雅釋詁一皇大也或云汞芑傳皇猶煌煌也是皇休猶顯休也通此本鼎銘而云作尊鼎也本銘兼言它器之一證參有嗣即詩擇三有事疏所謂三有事之卿也

毛公鼎二

毛公旅車鼎亦
惟㪣我用𩞁厚
眔我友飤其
用差亦弘惟
孝綿毋又(有)弗
○是用壽考

右歸安姚觀察覲元器銘三十二字旅車讀旅輦詳葢伯鼎亦惟㪣者言作輦与鼎文作㪣也𩞁說文食部作𩞁云設飪也从丮食才聲讀若載古亦用為

載石鼓文省車𨍏衍𨍏西𨍏北是也眔說文目部云相及也从目隶省聲徒合切音沓案小徐本作讀若与隶同是也褱字从眔得聲不得作徒合切說文又云隶及也从又从尾省又逮下云唐逮及也隸下云及也皆通用經史亦用暨洎泉匌說文云飽也民祭祝曰厭匌己又切又亦庶切錢宮詹云詩如食宜饇即此字亦用餕饇說文無饇差詳䵷侯鼎此云輂鼎敔之用有等差也惟考讀惟孝詳仲師父鼎緐詳緐鼎此弖肆為肆詳盂鼎又通有是上一字未詳銘中厚匌孝考皆韻也

奇觚室吉金文述卷三

嘉魚劉心源幼丹甫學

敦文一

亯敦

亯

右陳壽卿器銘一字亯說文作亯古刻作亯亯此省或釋庿室形非也

亯敦　旧敦

朋敢

朋

右陳壽卿器銘一字說文鳳神鳥也从鳥凡聲𠷀古文鳳象形鳳飛羣鳥從以萬數故以為朋黨字𪈌亦古文鳳案此敢朋字象兩鳥對峙形即許書第一古文也其弟二古文即鵬宋玉對楚王問言鳳鯤之狀與莊子逍遥遊言鵬鯤相合知鳳鵬實一字非鳳外別有大鵬也後人昧其原分鳳鵬朋為三非也說文又有

僩古刻作[glyph][glyph]之与此敢肖詳師䧹鼎戉曰[glyph]即為之古文作[glyph]者見說文

戉敢

戉 戊

右陳壽卿器銘二字上一字作人荷戈形說文戉从人荷戈知此為戉字下一字為戊當是記日或記數未可知也戉曰[glyph]乃倒戉字即鉞也

癸山敢

癸山

右陳壽卿器銘二字當是人名

臤敢

臤 父癸

右陳壽卿器銘三字臤說文云堅也从又臣聲讀若鏗鏘古文㠯為賢字苦閑切此為作器者名當是賢臤卣作臤然此字校官碑袁良碑皆㠯臤為賢

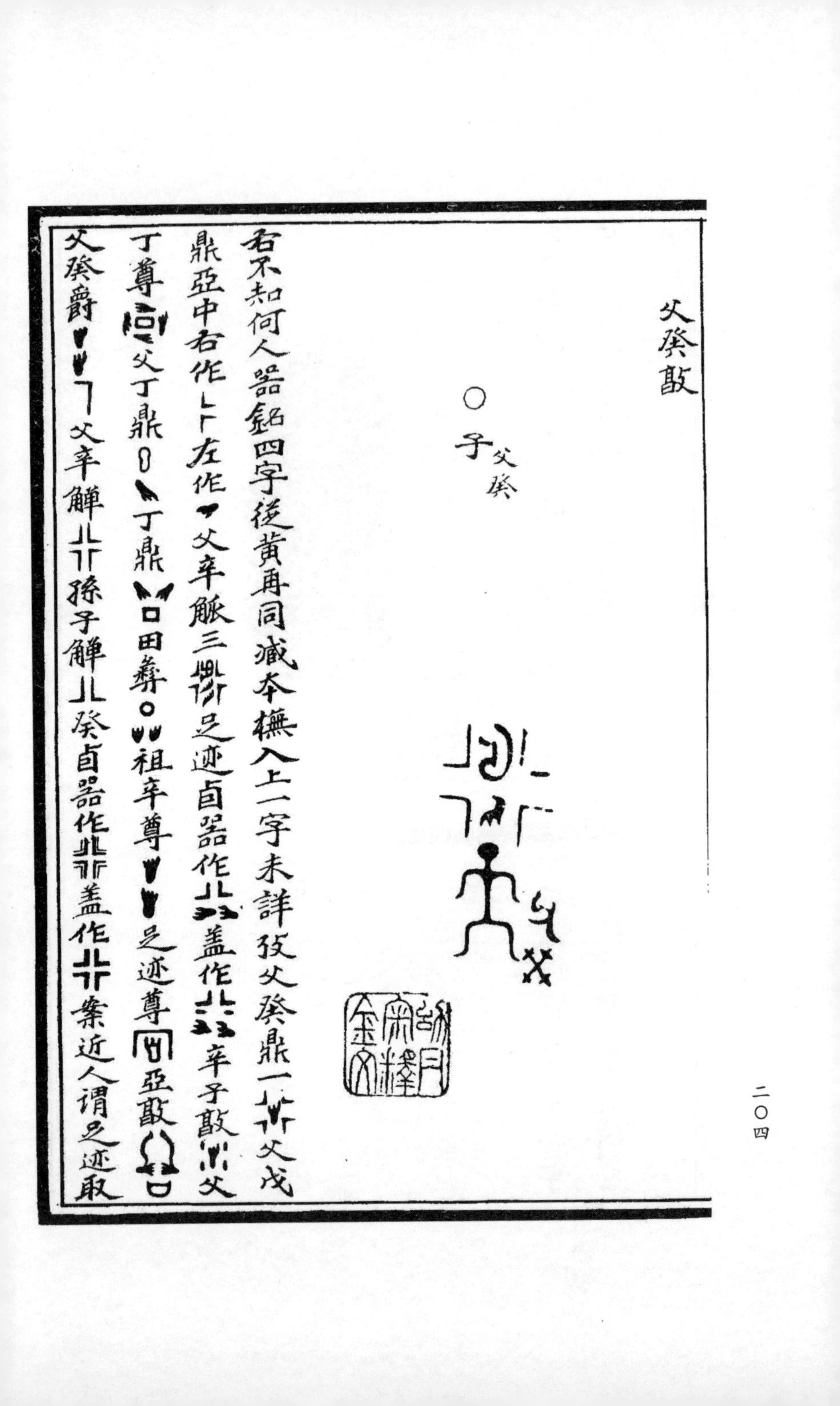

父癸敢

○

子父癸

右不知何人器銘四字從黃再同藏本摹入上一字未詳孜父癸鼎一父戊鼎亞中右作左作父辛觚三足迹卣器作蓋作辛子敢父丁尊父丁鼎丁鼎田彝祖辛尊足迹尊亞敢父癸爵父辛觶孫子觶癸卣器作蓋作案近人謂足迹敢

繩武之義戉謂兩足之迹即兩世字取世世之義心源吕𠔁卄即行字說文彳彳小步也象人脛三屬相連亍亍步止也从反彳彳即躑亍即躅行从彳亍會意凡器刻作足之迹者取行義也如抹夜鼎云吕征吕行史宄匡從王征行䖒史鉼用征用行銑抹簋云作行簋皆是

伯魚𣪘一

伯魚作

寶尊彝

伯魚𣪘一　伯魚𣪘二

右陳壽卿器銘六字魚象形篆作𩵋者由此變省也

伯魚敦二

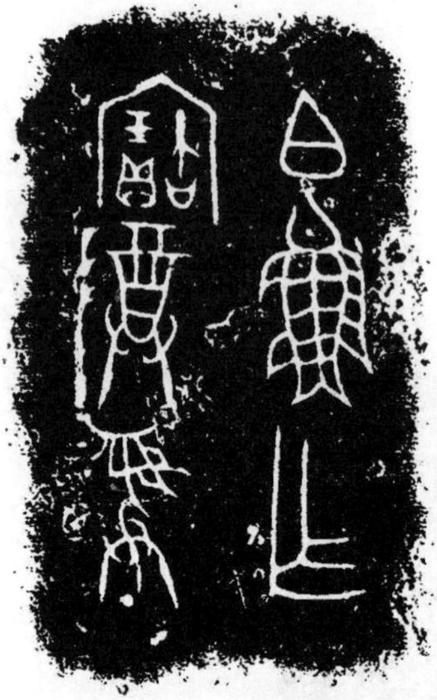

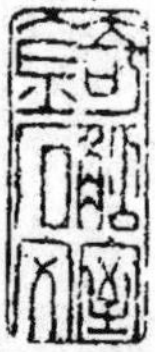

釋同前

右陳壽卿器銘六字器蓋同

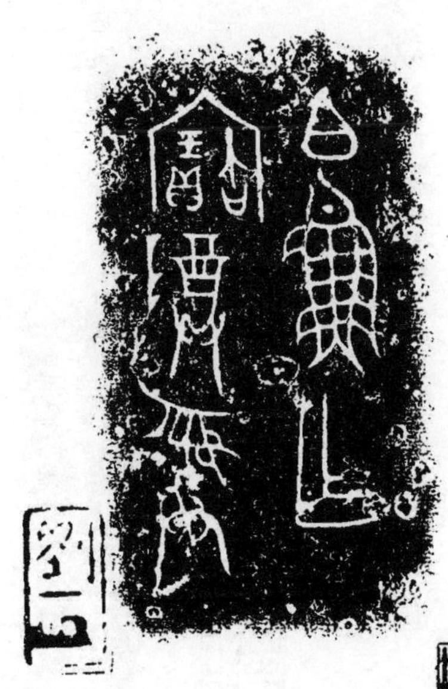

蓋文同前

秝敦

秝○作父○寶○

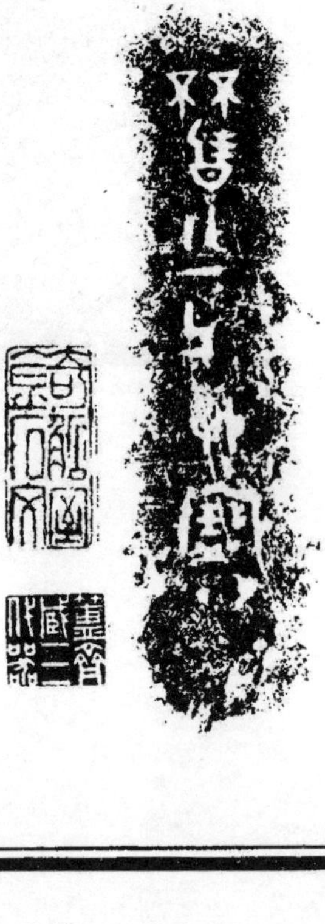

右陳壽卿器銘六字秝詳䀠侯鼎弟二字未詳

魚𣪕

器文

魚父乙北婦〇

文　葢

魚

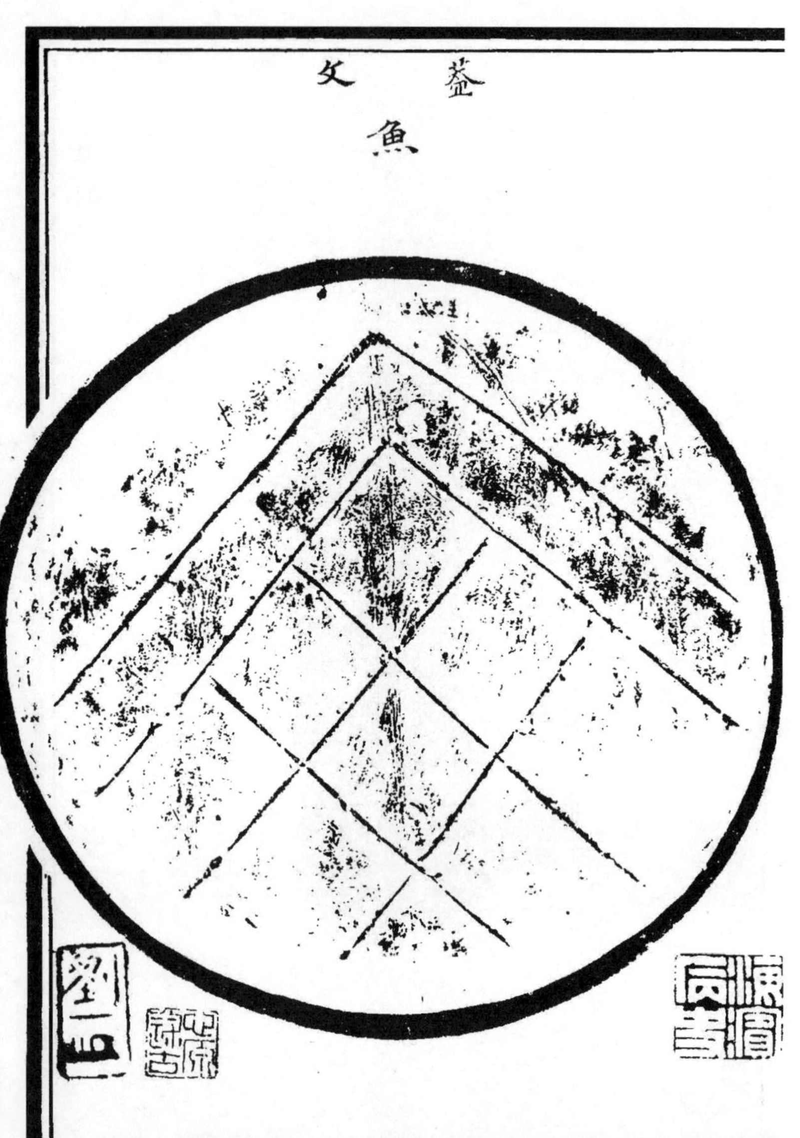

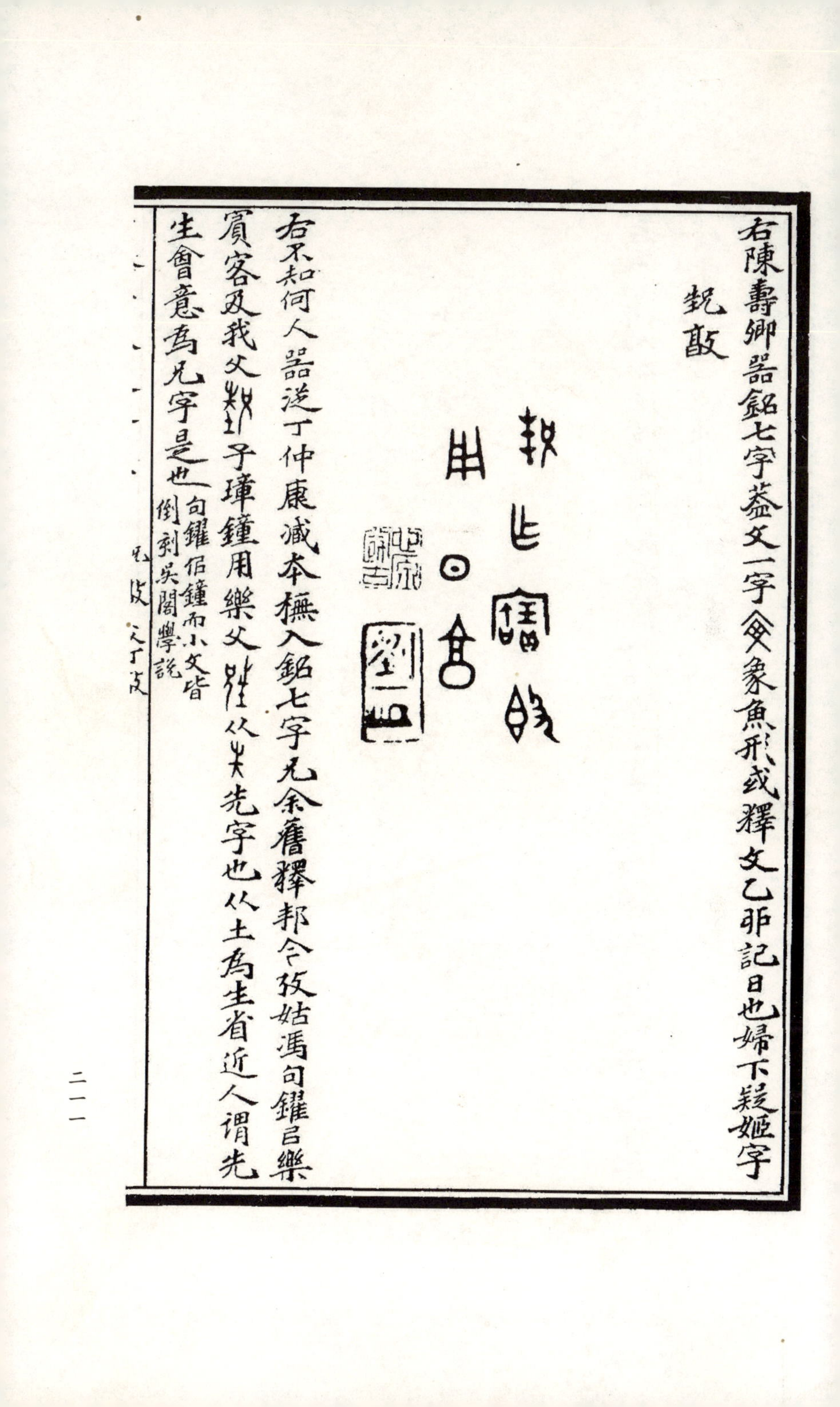

右陳壽卿器銘七字蓋文一字[illegible]象魚形式釋文乙卯記日也婦下疑姬字

鋧敔

右不知何人器遂丁仲康减本橅入銘七字兄余舊釋邦令孜姑馮句鑃呂樂賓客及我父[illegible]子璋鐘用樂父[illegible]从[illegible]先字也从土為生省近人謂先生會意為兄字是也句鑃侶鐘而小文皆倒刻吳閣學說

父丁敦

〇〇作父丁之食敦

右不知何人器迻黃冉同藏本橅入銘八字首二字未詳[古文]或釋共或釋具皆未確川當是㞢[古文]从古文旅从攴即敾詳鬲比鼎

師望敨

太師小子師
望作鼎彝

右柯奚安贈本銘九字博古圖薛氏款識西清古鑑皆載之文同笵異小子官名詳師㝬鼎貞隱園法帖釋小子二字為子呂說文子古文作𢀈也朢說文壬部作朢云月滿与日相望侶朝君也从月从臣从壬壬朝廷也廷从壬臣𡈼古文朢省又亡部朢出亡在外望其還也从亡朢省聲許分企望明朢為二

然無叀鼎惟九月既𡉚霸彝霸弗敢𫕥公休二字實通用今皆用望

穌公敦

穌公作王妃

○敦永寶用

右柯巽安贈本銘十字穌即蘇見班馬字類穌从禾此从木者古文木禾二形之有不甚拘者休从木楙从林曆从林婁見之矣世本祝融之後陸終

生昆吾封蘇戰國策紂伐有蘇氏書立政司寇蘇公傳忿生為武王司寇封蘇國詩何人斯傳蘇畿內國名疏成十一年左傳曰昔周克商使諸侯撫封蘇忿生邑温為司寇則蘇國在温杜預曰今河內温縣是蘇在東都畿內也

寶敔

作寶尊敔孫孫
子子其萬年用

右銘十字孫子重文二

中歆

中作寶尊彝
其萬年永用

右陳壽卿器銘十字見攈古錄二之一季呂禾爲之季原从禾也与雚鬳

東明尊同

伯就父敢

伯就父作◯
敢子=孫永寶用

右陳壽卿器銘十一字子孫重文二見攈古錄二之一就或釋喬非說文就高也从京尤聲尤異於凡也此从力即尤省□从飤从□即□仲叡父盤仲氏□从食从頁當是饡省古刻賢字从頁不从貝

告田敦

作祖乙鶇侯
文叔尊彝告田

右柯奚安贈夲銘十一字侯上一字从虍从鳥从來从屮字書所無惟集韻有鶇字鳥名同雉此云鶇侯當是叚借字如邾作鼄耳文叔二字合篆告田者礼王制天子諸侯無事則歲三田一為乾豆二為賓客三為充君之庖注乾豆謂腊之㠯為祭祀豆實也田獵所獲告祭於廟故曰告田又周礼大司馬中春蒐田獻禽祭社中夏苗田獻禽享礿中秌獮田致禽祀祊中冬狩田獻禽享烝

皆告田之事也又案說文告牛觸人角箸木所㠯告人也从口从牛易曰僮牛之告九家易如是今易大畜作牿案段注謂許說即楅衡牛與人口非一體牛口為文未見告意且字形中無木許曲為之說非字意此字當入口部从口牛聲牛可入聲讀玉也通訓定聲謂當从口从之會意或曰從口牢省聲心源㠯為許說固失段朱亦未為得費誓今惟淫舍牿牛馬杜乃擭敜乃穽無敢傷牿牿之傷汝則有常刑牿為牛馬牢擭者機檻穽者陷阬皆所㠯牿牛馬也告實牿之最初字告已从牛牿又从牛為贅口象檻穽形牛陷入口為告與牛在□中為牢同意牢篆作□篆誤口字不必專指口舌之口亦有用㠯象物形者如倉舍邑谷㕣等篆本从口夂从口詳師眚鼎許不知告以口象形故牽合楅衡為訓其實告示字乃叚借也且如許說牛角箸木是必从艸而後可牛下安口何云角箸木哉許書部首偏旁相蒙告之从牛為承上㠯告所从之口啓下口部未為不可惟說解未當耳

告田敦　己侯敦

己侯敨

己侯作姜

㚤敨子孫

其永寶用

己侯敦蓋

釋同前

右陳壽卿器銘十二字子重文一攈古錄二之一云器有獸面雙環与它器異
徐籀莊說己紀省侯爵姜姓左隱元年傳注紀國在東莞劇縣心源案姜
艾姜姓艾名也徐吕艾爲謚則當云艾姜不得云姜艾矣

伯闢敢

伯闢作尊敢其
子=孫=萬年永寶

右陳壽卿彛銘十二字子孫重文二闢詳盂鼎

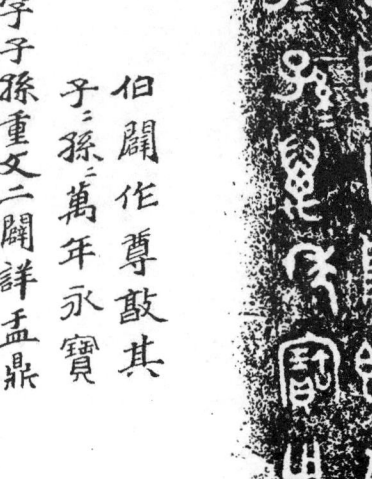

害叔敦

害叔作尊
敦其萬年
子子孫孫永寶用

右柯巽安贈本銘十三字子孫重文二害讀介詳無叀鼎左僖二十九年經介葛盧來注介東夷國也又姓觿晉大夫介之推其先食采於介因氏未知此銘何屬

兮中敦

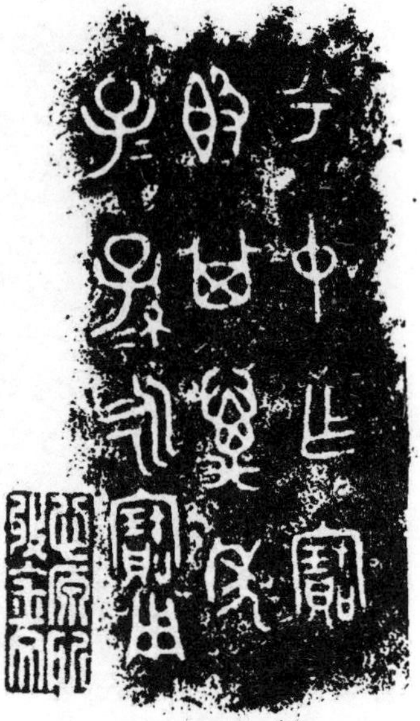

兮中作寶
敦其萬年
子子孫孫永寶用

兮中敦葢釋同前

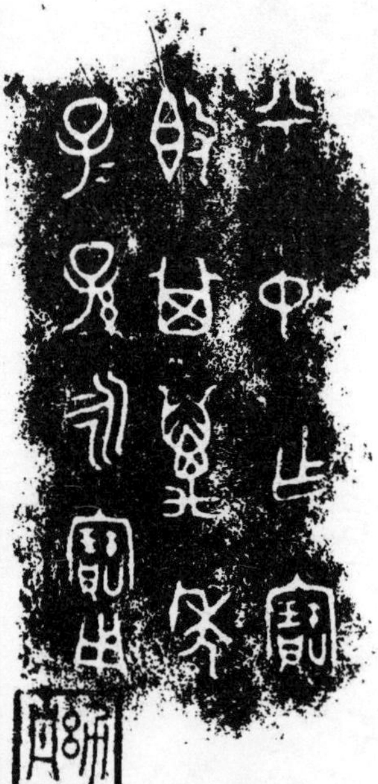

右鉋子年康器大興孫問羹汝梅藏本銘十三字子孫重文二蓋文同積古亝載一器攈古錄載二器及張筱農所藏皆非一笵兮義者廣韻羲堯卿羲仲之後此兮中亦是羲仲正如虢叔後又有虢叔周公後又有周公也或曰兮肸省

姒鍪母敦

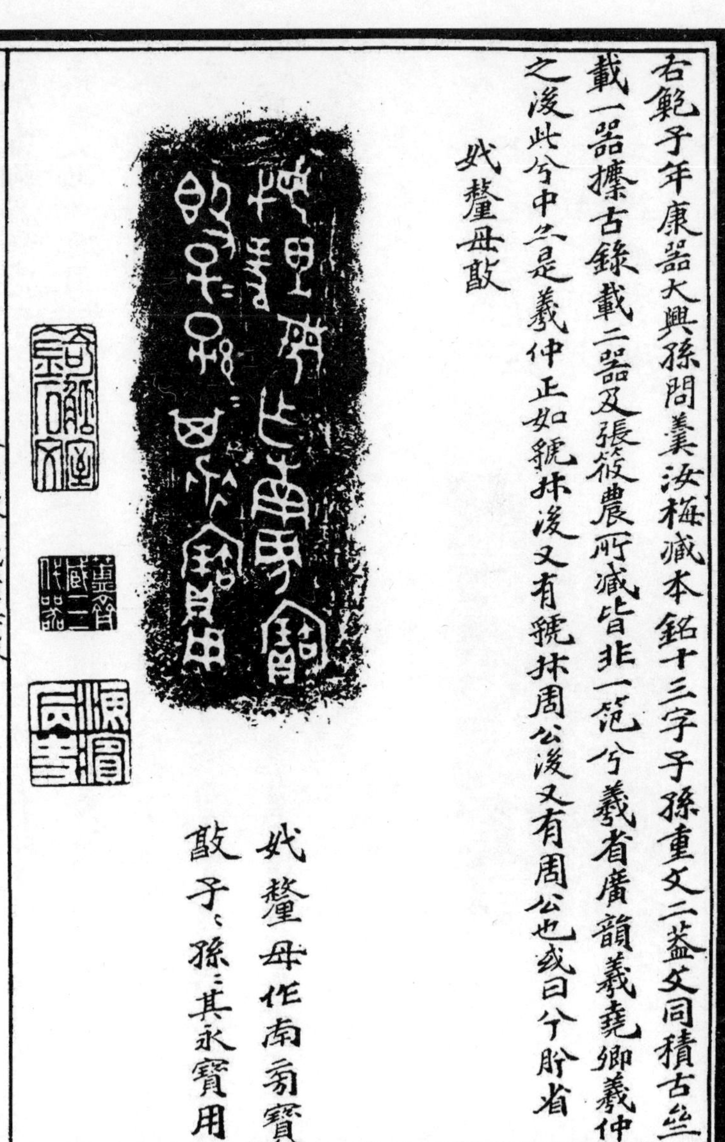

姒鍪母作南旁寶敦子〻孫〻其永寶用

右陳壽卿器銘十四字子孫重文二見攈古錄二之二妣从匕即說文匕从母与从女同意古文母女通用詳甯母鼎是妣字也叔妣敔作仲可互參說文妣婦官也或謂鉤弋夫人即妣余謂许不當據漢制解妣字妣蓋姓氏詩美孟弋矣傳弋姓也當即妣釐人名南旁之人姓名逸書有南氏國已二臣爭權而亡世本妘姓南氏史記索隱男氏世本作南潛夫論亦作南周有南仲見大雅魯有南遺南獻衛有南楚見左傳楚有南公晉有南之威見史記皆南氏也

遣生敔

城虢遣生作
旅敔其萬年
子孫永寶用

右陳壽卿器銘十五字見攈古錄二之二城从𩫖籀文城字見説文言城虢時作此敢吕事表年也遭龍龕手鑑音豐遭生作器者名徐籀莊釋遣

舟敢

乙亥王錫〇
亞中舟緜玉十丰龍
用作祖丁彝

右不知何人器送黄再同臧本橅入銘十六字蝕者一舟作器者名緜即緜詳緜

鼎此讀璲詩佩璲傳璲瑞也爾雅釋器注璲者玉瑞是也丰即拜省龍讀寵詳頌鼎言曰王錫玉之光寵作是敦也銘之曰彝亽尊銘不言本器而言它器也

周棘生敦

周棘生作樝
娟媸賸敦其
孫孫子子永寶用○

右潘師器銘十六字孫子重文二見筠清館金石卷三攈古錄二之二棘亽可釋業說文業古文作𣎳汗簡引古尚書作𣎳竝與此肖樝或釋椃或釋櫢皆非

明、木旁盧是櫨字也通柤左襄十年經會吴于柤注柤楚地昭六年傳吕勞諸柤注柤鄭地此銘亦是地名未知何屬娟姓媓女字也娟从鼎籀文妘字見說文賸即媵詳陳侯鼎末一字未詳或釋朞非或曰㔾字

伯田父敦

伯田父作井

婸寶敦其萬

年子、孫、永寶用

右丁紱臣器銘十六字子孫重文二井詳鄦鼎婸从巾盖汈省古刻吕易為錫

皆作汈集韻㛿先的切女名即此

叔角父敦

叔角父作朕皇
考宥公尊敦其
子孫永寶用○

右姚覲元器銘十八字見攈古錄二之二皇字皷一筆与皇宮戈文同考从口

蓋合畣字為之宥或釋宕案此从㒳非从石據説文盇重文作盍䀋籀文作䀋儀礼有司徹右几注古文右作侑古刻記冊命之事皆云某右某右即佑而宂敔云井林右宂即命知古文右有通用是宕即宥也末一字未詳據古錄載此敔宥作㝐眗釋宂服二字

仲殷父敔

中仲殷父鑄敔用

朝夕亯考孝宗室

其子子孫永寶用

仲殷父敦蓋

釋同前

右購本銘十八字子重文一器蓋同与積古齋合筠清館金石卷三載一器有蓋攈古錄二之二載四器皆非一范鑄詳太保鼎朝字从𨍭異體也筠清館正作𣄴積古齋叔殷父敦朝夕作𣄴卩釋為蘄月其篆迹仍是攈古錄仲殷父敦弟三器中字右旁有泐文阮誤釋林耳夕作月者古文月夕通用宂盉惟

五月初吉無異敢正月初吉壬寅陳侯因資敢惟正六月癸未甲午簋惟甲
午八月丙寅皆用月爲月豈卣夙月饗爾百爵曆彝其用夙月鼎啚則用
月爲夕又有从夕之字从月者如豈卣夙作𡖊曆彝夙作𡖊文見上毛公鼎夙作
𡖊夕虔夙夕師嫠敢夙作𡖊敬夙夜狀夜鼎夜作夜師嫠敢夜作夜文見上狀弓鎛外
作外外內剻辟毀敢外作外董裁內外是也又有从月之字从夕者如頌敢霸作霸
既死霸守敢霸作霸既死霸令鼎有作有有嗣古刀泉明作明見十三卷是也說文恆古文
作亙解云古文恆从月明〻从夕而云从月許意蓋謂夕即月耳考讀孝詳
仲師父鼎宗字直筆通貫亦異體也

格伯𣪕

惟三月初吉格

伯作晉姬寶𣪕

子〻孫〻其永寶用

右陳壽卿器銘十八字子孫重文二見攈古錄二之二格伯人名晉从㬜說文从臸

𦤎部晉下籀文作云从二子一曰𦤎即奇字簮即晉秦許所謂奇字即此銘

晉字凡古刻晉字皆从〓後人習用簪乃㠯晉為奇字據籀文改从孴之字而从孖則孖即孴也古刻晉从〓小篆改从臸則臸即〓即孖也㠯此知〓乃倒子字至字从之取義許解至字云鳥飛從高下至地也从一一地也象形㠯〓象鳥形蓋未知〓〓〓〓遍攷之由矣許解〓字云不順忽出也从倒子易曰㚁如其來如不孝子㚁出不容於內也〓或从倒古文子是〓即㚁字㐬倒子者象人初生時倒身向下許㠯倒子為逆子故云不孝子解之泥矣父癸鼎有〓父癸爵有〓潘師戚鼎有作〓者皆即〓〓至从倒子㚁出向地形義均合非取象於鳥觀〓〓〓三字所从子至稍有省變即知許解至篆未當也寶字省貝說文寶古文作〓即此特偏旁上下逆耳

且敔

祖○及○作寶
敔用旅𩰬孝其
子=孫=其○寶用○

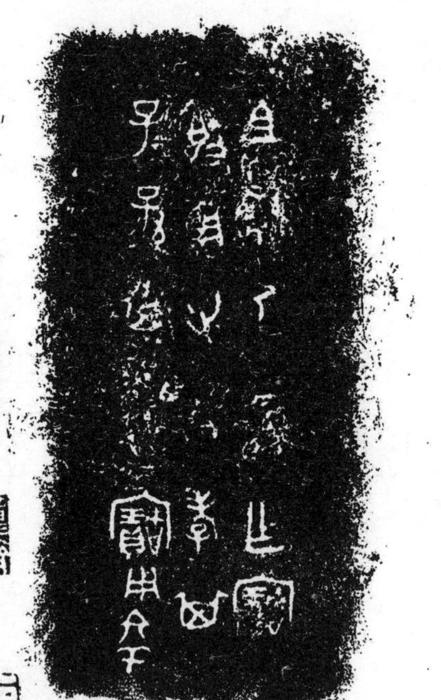

右陳壽卿器文多蝕存者十六字旅說文旅下云旅古文旅字是也周礼大宗伯則旅上帝注旅陳也陳其祭事以祈焉即此銘所用義末一字未詳或曰𦎫也

辛子敦

亞中

辛子○○○
○○在小圃○
王令命商賞○○
貝用作父乙彝

右不知何人器從黃再同藏本橅入文多蝕存者十九字辛子見取卣士告彝案十幹配子者如甲丙庚戊壬古今無異若乙丁己辛癸配子者不見經傳惟古刻裏用之如鄭內史匜乙子庚嬀鼎史頌敦俞尊丁子史伯碩父鼎己子

朋生敢奚子是也余嘗疑古人幹枝相配無定例今益信之子下一字乃作器者名商下一字同或釋糾非二行首二字或釋守官亦未碻今詳鵨鼎商詳珉鼎

小子師敢

乙未卿饗吏
錫小子師貝
一百用作父丁
尊敢析木子孫

右陳壽卿器銘十九字卿讀饗詳征人鼎吏詳珖鼎小子官名詳師奡鼎師作
器者名从緐臣郎緐吕詳增鼎

豐兮尸敢一

豐兮尸作朕
皇考尊敢尸
其萬年子孫
永寶用亯考孝

右賸本銘二十字篆迹与積古亝合阮云張林未所臧此其蓋文也攈古錄二之

三載二器前器蓋文即此豐國名左僖二十四年傳畢原酆郇文之昭也注酆國在始平鄠縣東是也兮羲省姓也詳兮中敢卩人名尊省作酋䧹字與它器殊䧹考當讀䧹孝詳仲師父鼎

豐兮卩敢二

器文釋同前

右陳壽卿器銘与前器同子孫重文二蓋文不重即攈古錄後器也

豐兮卩敢蓋文同前

宴敦

惟正月初吉庚
寅宴從○父東
多錫宴=用作朕
文考日己寶敦
子=孫=永寶用

右宗室伯羲祭酒盛昱器銘二十九字宴重文一子孫重文二与擽古録二之三文
同范異later未詳或曰頎省或曰夏省

吏旅敦

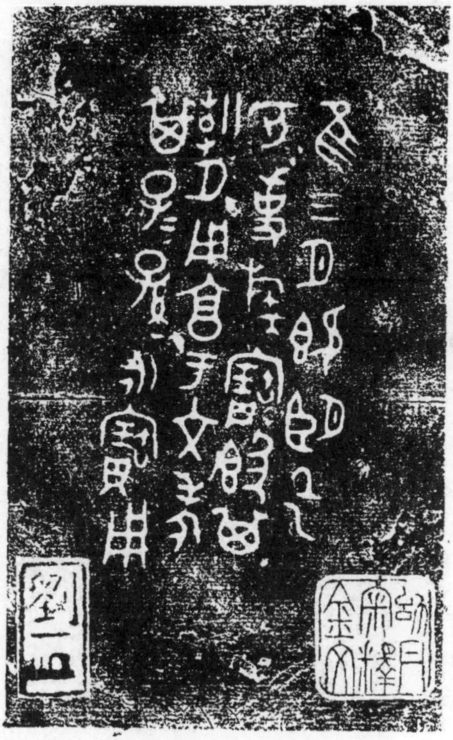

惟三月既望乙
亥吏旅寶敦其

朝夕用亯于文考

其子〻孫〻永寶用

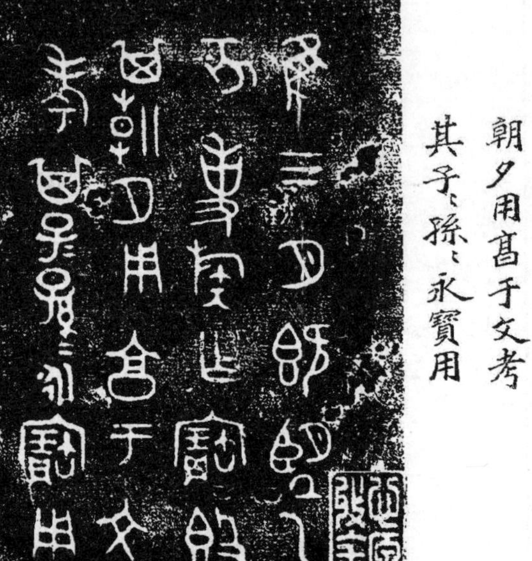

吏旗敢盉文同前

右柯巽安贈本銘二十五字子孫重文二盉文旗下多一作字吏官族名吏戠釋

史戠釋使盖文亥字佀豕亥豕之譌㠯此

師害𣪘一

麋生曶父師害
隹中仲智吕召昭其
辟休厥成史事師
害作文考尊𣪘
子=孫=永寶用

師害敦蓋

釋同

右陳壽卿器銘二十九字子孫重文二蓋文多蝕麋或釋麋麋路史國名紀麋在楚之房縣左傳楚子敗麋師于房諸是也後目氏此云麋生猶史記侯生酈生賈生董生也舀父師害隼仲三人當是兄弟故㠯麋生統之隼从卜象鳥

形文从乂（盉文及後器如此）即說文雖重文作隼者也隼為祝鳩俗呼架烈乂象其尾兩歧形智詳智鼎害讀介詳無叀鼎戓釋周非召讀昭厥詳勘父鼎

師害敦二

蓋文同冓

器文同彝

右陳壽卿器銘与前同器文多蝕可辨者六字此銘句法昭其辭与昭我周王同休厥成事与休有烈光同

娩子敢

惟一月初吉作鑄叔

皮父尊敢其娩子

用髙考孝于牀皮父

子〻孫〻寶皇萬年永用

右丁仲康贈本銘三十字子孫重文二筠清館攈古錄叔皮父敢也作鑄連語詳守敢荷屋呂鑄爲國名非鑄字詳太保敢婉吳閣學云龔定盦釋民荷屋同何子貞釋仲朱建卿釋妻許印林釋弟皆未碻心源案説文免作[illegible]从[illegible]象免首形許云兎頭与龟頭同龟作[illegible]是也古刻从龟之字如龟斐石鼓文作[illegible]井季龟卣作[illegible]史龟簋作[illegible]或釋燕非文能字古刻亦从[illegible]宗周鐘[illegible]彝牀旅鐘合參篆形知[illegible]即[illegible]皆象獸頭此銘女上从由盖婉省也字亦作婏嬔挽通孿孌健顳說文挽生子免身也嬔生子均齊也孿一乳兩子也方言嬔耦也顳雙也凡人兽乳而雙産謂之孌生秦晉之閒謂之健子廣雅釋詁三健顳孌也此云婉子即雙生子如周八士之類矣考讀孝詳仲師父鼎皇

二五〇

即暀（俗省作旺）詩楚茨箋皇暀也泮水箋皇皇當作暀暀彼說文暀光美也从日往聲（往俗省作往）往从彳㞷聲㞷艸木妄生也从㞷（即之字）在土上讀若皇（封古文亦作㞷詳康侯鼎）是㞷為發㞷字即發皇發旺字也凡皇祖皇考用皇字為偁美之文人人知之而陳逆敢云作為㞷祖（古刻祖字从示从助詳友敢）大宗敢即皇祖二字或釋封祖非也陳逆簠㞷祖（六祖之蝕）㞷祉（祉之蝕古文祉字也）㞷于（考省）㞷母乃㞷祖㞷祉㞷考㞷母即皇祖皇妣皇考皇母也阮氏不知㞷皇同字遂使文不可讀蓋古刻皇作皇从日即日从𡈼土即㞷合之實暀字此銘作皇益明顯它器作皇（叔角父敢）皇（宗周鐘）皇（豐兮尸敢）皇（仲師父鼎）皇（陳侯因資敢）緐省雖異皆不从自王鄭呂皇為暀蓋深悉古文原流矣許沐重謂皇从自王（說文王部作皇云从王从自自始也始王者三皇大君也自讀若鼻）據會稽繹山刻石皇帝字作皇从白許云白亦自字李斯諂事始皇篆从白王許承其謬幸有鄭說與古刻互參即知从自从白皆非三代六書之舊也皇帝本無專

字㲋皇大字為之耳帝亦蒂之古文又抹家父簠孫子之䨥即詩繼序其皇之

義䨥亦皇亦雈也弡仲簠其元其𡗗三體石經考黃作𡗗古文四聲韻吕𡗗為光實皆从圭省耳

彔敦

盇文

伯淮父来自○
蔑彔曆錫赤金
對揚伯休用作
文祖辛公寶䵼
敦其子子孫孫永寶

彔敦器文

釋同前

右陳壽卿器蓋文三十二字子孫重文二器文蝕十一字攈古録二之三伯淮父敦也淮从水从唯曾伯霥簠淮尸作[illegible]即此或釋雖詳盂鼎自下一字未詳徐籀莊釋舒案此爲地名筠清館龜形鼎有[illegible]字人名即此及形近彔作器者名蔑曆余已攷入古文審庚嬴鼎然承譌讀曆爲歷尚未切合此二字古刻習

用之有二字連文者有蔑下曆上參呂人名者則訓爲黽勉揚歷明試者皆非也孜敢尊敢蔑歷師俞尊俞其蔑歷師遽方尊蔑歷差趩尊趩蔑歷叉卣厥叉蔑歷椒卣椒從師淮父戍于古𠂤蔑歷封敢王使艾伯蔑歷此二字連文者庚嬴鼎蔑庚嬴歷季日彝刀生蔑爵歷友敢王蔑友歷畢段敢王蔑段歷敔敢王蔑敔歷此二字中參呂人名者合觀諸篆从日从甘皆甘字非从日也日篆作⊖不得作甘甘此篆㳄之決無可混者說文甘作甘从口含一一道也是也其从甘者古文旨字旨原从甘也其从田者爰而涉於它字古文往往如此其从口者甘省也說文甘部曆𥂰也从甘从厤厤調也甘亦聲讀若函大徐作古三切音甘是則讀曆爲歷者非也據許說曆者調味甘美音義同甘蔑周語注云猶滅也蔑曆者言分其甘也蔑某曆者言分某呂甘也漢書司馬遷傳絕

甘分少辯亾論分澣損甘唐書李光弼傳棄甘均少皆蔑曆義也𪔂鼎詳增鼎

齊侯敦

齊侯作朕○
○孟姜膳辜敦
用旂祈賓壽萬
年無彊它〻配〻
男女無期子〻
孫永保用之

右宗室盛昱器銘三十字它熙重文二子重文一癸巳冬見此敢及盤盂鼎在廠肆從賈人得拓本各一紙居頃之四器為盛購去鼎銘乃仿刻者刪之盤盂別詳朕下一字闕疑盂上一字盤文作□當是薦字𦎫敢省說文亯部𦎫孰也孰即熟从亯从羊讀若純此即純熟之純攴部敦从攴从𦎫故此銘以𦎫為敦攈古錄之一齊侯敦云作飤𦎫亦敦字古刻敦从亯則𦎫之亯字也□即旂此即旂詳叔癸鼎遊字用為祈頌敦鑾□从□𣏟弓鑄用□眉壽齊侯壺用□眉壽皆可證旂通祈又說文近古文作□从□段旂為之晉姜鼎綏褱遠□君子从□即□即□从□反斤字宋人釋廷失之眘从頻詳無叀鼎它它即詩委委佗佗毛傳佗佗者德平易也爾雅釋訓佗佗美也釋文作它它此作□古刻匜字如此象匜有柄有流形因知古文它也同字小篆始分為二隸書它也相掍未為讁也熙熙即熙熙荀子儒效注熙熙和樂之貌薛氏款識孟姜匜眞公匜並云它它熙熙

彼釋洍=越=繆甚棊即期說文期古文作𠔻是也保从任詳太保鼎

叔妀敢

林妀作寶尊敢
眔中仲氏萬年用
侃喜百生姓倗友眔
子妀孫=永寶用夙
夜亯孝于宗室

右𢑀本銘三十二字孫重文一弟四行子妀二字互倒妀詳妀𩰫母鼎林妀蓋婦人猶云林姬林姜也中讀仲侃通衎百生即百姓書汩作九共稾飫

傳生姓也史頌敢百生帥隮兮田盤諸侯百生皆姓字堯典平章百姓傳百姓百官此銘百姓朋友連文亦是百官

圅皇父敢

圅皇父作琱娟般盤盉尊

圅皇父𣪕

器𣪕具自豕鼎降十又
𣪕八兩罍兩壺琱娟
其萬年子子孫永寶用

盉文同前

右陳壽卿器銘三十四字子重文一蓋文同惟其字在三行末孫字有重文為

異文有匜文稍約別詳卣或釋卣案說文卣作𠧪明与此合古刻卣自通

見毛公鼎一然卣姓卣姓許印林讀卣為鹽為剡不必一族左襄十六年傳次于卣氏杜注卣氏許

地姓觿云郡國志古有卣氏國後曰氏此銘是也琱匜文作周通雅周為古琱

即此娟詳周棘生敦般即盤从攴古文般字見說文盉說文作□云調味也

即調和字不云器名今所傳古物明有盉廣川書跋引說文云盉調味器

也乃知今本說文奪器字耳具从貝詳曶鼎豕器文作□蓋文作□案毛公

鼎家作□从□辪我邦我家即器文說文豨作□豚作□从□即蓋文是皆

豕字矣豕鼎者禮圖云天子諸侯之鼎容一斛大夫羊鼎容五斗士豕鼎

容三斗天子諸侯之鼎即牛鼎禮書云天子諸侯有牛鼎大夫有羊鼎

士豕鼎魚鼎而已此云豕鼎則士鼎也云降則非盡正鼎亦兼陪鼎鉶鼎云

十者記數也又敢八記敢數罍壺皆从金據所鑄立文也

太保敢

王伐彔子聽𠭯祖人反王
降征令命于太保太保克

茍敬亡無譴王征太保錫休

余土用莽彝對令命

右不知何人器逘丁仲康臧夲橅入銘三十四字見攈古錄二之三彔國名子爵余所臧拓本有彔伯戎敦風俗通姓氏篇逯秦邑也其大夫封于逯因氏焉未知即彔否聽或釋班或釋启皆非此字从耳从口乃聖省古文聖聽通用樂記小人㠯聽過釋文聽本作聖廣川書跋泰山篆皇帝躬聽史記作躬聖齊侯壺宗伯聖命于天子㠯聖為聽案邾公𨟻鐘子吝為之𣪘汗簡耳部𦔻注云聖實聽字也凡古刻聖字从𦔻齊侯壺聖命于天子从𦔻曾伯霥簠㰤聖元武說文云聖从耳呈聲觀邾公𨟻鐘聽字知聖字从壬从耳耳古文聽字此云聽叡人反聽者聽其自便呂覽樂成寡人盡聽子矣注聽從也父丁觶天子𠭯作父丁彝亦此字此義叡讀祖叡人征人也反即返降从兩足迹左右向下近人謂夊

止皆足迹象說文降从𨸏夅夅篆作𡕒許云从夂㐄相承不敢竝也𠂇从後至也象人兩脛後有致之者㐄跨步也从反夂𠂇無敢王祀于天室降又云王饗太廟王降王證知𠂇㐄即夂止𡕒即止止倒之則爲止本銘征字可證故止𡕒是足迹詳彝癸鼎古人篆法有空白書者夂止是也有填實書者止止是也吕此推之如乙父乙彝作乙父乙觶作乙丁父丁彝作●丁鬲爵作○丙父丙爵作丙又一父丙爵作丙辛亞鼎作辛考卣作辛子庚姬彝作子它𠩺多作子山癸山敢作山說文作山古刻吕才爲在多作十居彝作中天盂鼎作天毛伯彝作天𢆶𢆶婦鬲作𢆶帛女鬲作𢆶世師遽敢作止伯嗣敢作止又如矦从矢亞矦盤作矦亞矦觶作矦尊从阜古刻多作阜師𡨦彝鼎作𨸏凡如此類空白填實讀古文者安可忽諸令讀命下文同于字文義最碻或釋刊非詳巩鼎王降征命于太保者命之專征也苟爲苟省𡕒即敬省

說文茍自急敕也从羊省从包省从口口猶慎言也（當云包口猶慎言也）从羊羊与義善美同意𦎧古文不省敬从茍故古刻即㠯茍為敬如毛伯彝惟吊德敉敢吊夙夜是也此銘𠀠茍之省口者亦讀敬盂鼎令余惟命女盂䝓艾𠂤文云若𠂤乃正与此同亦讀無譴从口从𦥑說文𦥑𦥑商小塊也从𠂤从臾遣縱也从辵𦥑聲譴謫問也从言遣聲（今省作譴）遣小子敢作[illegible]匕麦鼎撫[illegible]匕小臣麦竝从口知此銘亦譴字𢓊即徲即𨑒說文尉下云𡰥古文夷字此銘从尸即𡰥（詳井𡰥妣鐘）又从彳為徲說文徲行平易也此即韓詩周道倭夷之夷毛詩作倭遲者也（四牡釋文倭本又作委遲韓詩作夷）匡謬正俗八遲即夷也古者遲夷通用說文遲重文作𨑒即徲彳辵二形古文通用是𢓊徲𨑒遲一也遲待也詳𠭯比鼎此銘蓋言王待太保成功而歸錫之土地也或釋𢓊為道非（道俗誤作𧗝𧗝兹从行与𧗝異）余即余陳逆䖍作余土字与盂鼎同（集韻余姓必有所本）

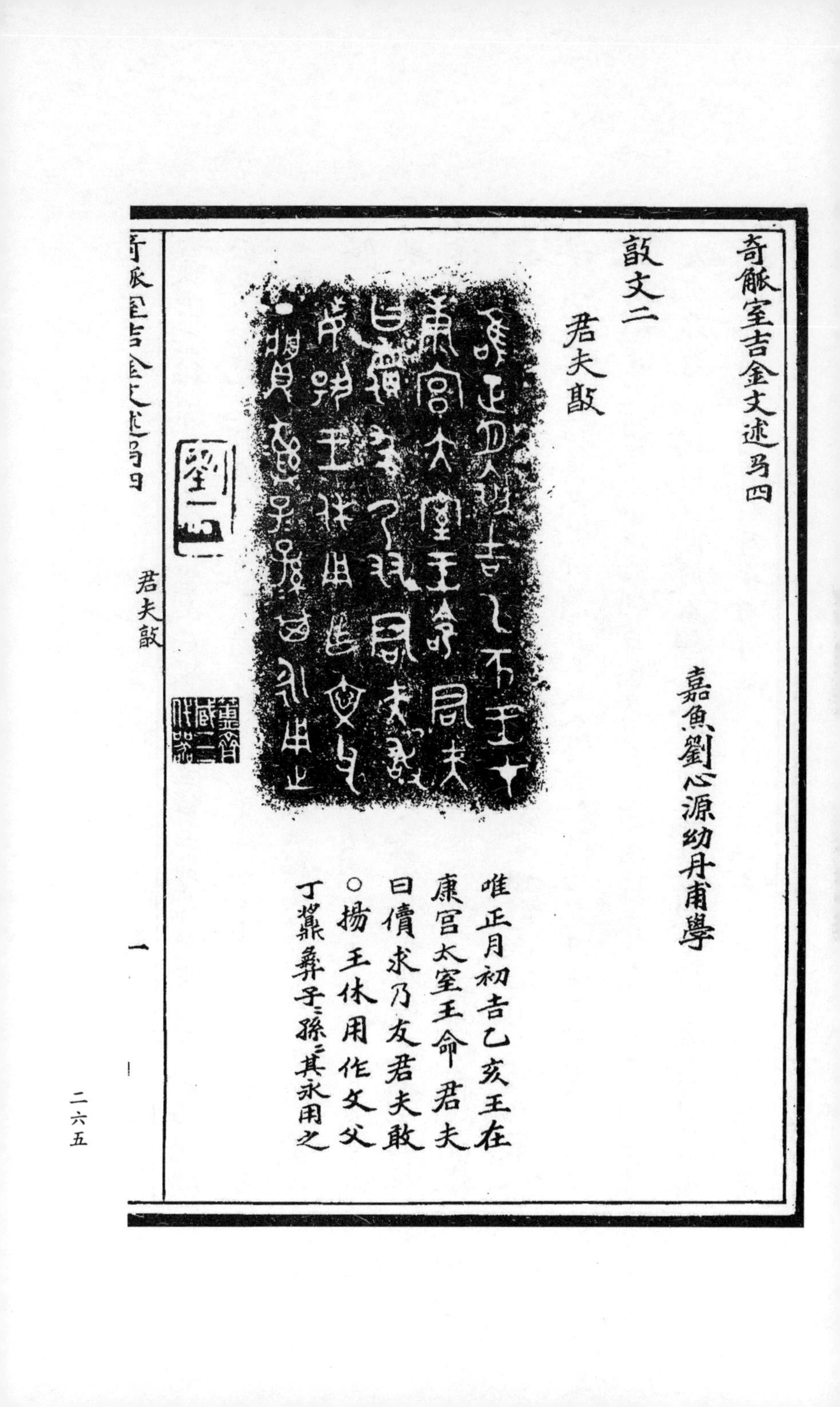

敦文二

君夫敦

嘉魚劉心源幼丹甫學

唯正月初吉乙亥王在康宮太室王命君夫曰儥求乃友君夫敢○揚王休用作文父丁𩰫彝子=孫=其永用之

右陳壽嚞銘四十二字子孫重文二康宮太室詳鬲比鼎君夫作器者名姓饍云君出姓苑堯師君疇之後案新序雜事漢書古今人表上中並作尹壽荀子大略作君疇古文君尹通用詳克鼎據姓苑則此銘為君姓夫名也儥說文作𧶠云見也小徐本如是大徐本作賣也即鬻字然小徐云儥周禮俗為貨賣字音育若果訓賣正是貨賣字小徐即不得云俗是知訓見為本義即覿之正字也大徐本譌為賣於是新附乃有覿字矣此銘儥求乃友正是覿字義許印林釋為祐引薛書敔周召夫尊𡆥為召吕證之不知薛氏所引尚書乃宋人誤讀古文者雜集為之汗簡且不收入可吕知其謬矣且古文雖甚奇奧之究有形意之可揣从屮从㘝何吕為召令吕宗周鐘盂鼎中鼎𡚬鼎𡉨鼎友史鼎曶鼎揚敔亙閉敔𠀠相參斠知𡆥碻是省字說文作𥄎近人釋相且有不能兼通者何有於召乎省詳鬲比鼎此儥从𡆥即古文睦字詳曶鼎芇

許印林釋對云對古文變體最多所引變體皆不出古刻未可據也此字从手从女波非對字何得吕習見對揚之文而率讀之鬵鼎詳增鼎省石鼓文作者

守敔

惟五月既死霸辛未

王吏(使)小臣守吏(使)于夷〻賓

馬兩金十鈞守敢對

揚天子休令(命)用作鑄 宏

中(仲)寶敢子〻孫〻永寶用

右[illegible]本銘四十二字夷重文一子孫重文二筠清館使夷敢也攈古錄三之一載此敢夷下重文在左筠清館同令下重一令字無用字筠清館𠂇重令字又缺二字疑与此為器蓋守作器者名二吏字讀使詳玑鼎賓者以賓礼〻之也或曰賓即頒字漢平輿令薛君碑鬢白號怛用鬢為斑即孟子頒白此賓頒相通之理孟爵王命孟寍鄧伯賓貝眔卣尸伯賓眔貝布史頌敢穌賓寵馬三匹吉金大敢睽賓𡗥寵帛束睽𡗥皆人名皆頒賜字也令讀命作鑄

連語弜弓鑄用作鑄其寶鑄太公壺太公作鑄淺壺姜弓彝用作鑄其寶尊彝娩子敢作鑄朩皮父尊敢知古人原有此文法

究敢

惟三月既生霸乙卯王在㐭

令(命)究作嗣(司)土嗣奠還𢿢罘

吴眔牧錫戠衣䜌鑾對揚王休

用作旅鼎彝宄其萬年永寶用

右襄陽吴仲寬贈本銘四十四字与積古丝宄簠文同畾即卣从田盬田

也::象盬形通魯〻公鼎云畾公作文王鼎路史國名紀卣魯也是也宄

作器者名嗣籀文辭字見説文古刻用為司嗣土即司土曲礼天子之六

府曰司土司木司草司器司貨注司土土均案周礼大司徒吕土均之法

辨五物九等制天下之地征吕作民職吕令地貢吕斂財賦吕均齊天下

之政是任土之官也奠𢿚吴牧皆地名言所司之地自奠吕還至于𢿚

洎吴牧二地也眔即洎詳毛公鼎二𢿚或釋㪔非㪔从𣏟从月不从嗇説文

牆下籀文作牆从嗇古文作牆从嗇而師寰敦卹厥穡事之穡作𤖨

即牆之籀文蓋同形叚借也此从嗇即嗇古文木禾二形不分如休从𥝌曆从

林詳敔彔竝可證也此又从攴与收斂同意當是穡即此可知鐘銘之釋作棽者未碻矣攷或釋枚非此从干不从毌詳攷鼎戠或釋戎非趩尊戠衣緐市許印林云未詳其制心源案戠織省小爾雅廣服治絲曰織織繒也玉藻士不衣織注織染絲織之是則織衣爲染繒衣也或曰易朋盍簪虞翻作合戠是戠即簪字敔敔𢧵首百用爲斬簪斬一聲之轉説文戈部戠大徐本云闕从戈从音闕者謂闕其義也小徐本云古職字古之職役皆執干戈此曰職从戠而肌爲之説其於从音仍無箸也今吕虞氏易及敔敔互斠乃知从戈音聲本義爲斬段爲簪簪音皆侵覃部中字職从戠蓋取湊聲也則戠衣爲簪与衣二物或又曰戠即識説文識常也常者旗常畫日月者知識即幟字說文無幟从巾者俗字也段氏未悟及旗常義改識下常也爲意也失之是幟与衣亦二物矣鑾省鈴也鼐詳增鼎

友敦

惟四月初吉丁卯王
蔑友曆錫牛三友
既頛𩠐𦣻升于厥
文祖考友對揚王
休用作厥文考尊敦
友○厥子子孫永寶

右潘師器銘四十四字子重文一呂圖清古鑑丁卯敦校之此其器文也友作器者名詳噩侯鼎蔑曆詳彔敦蔑从禾即穖拜从手从古文首詳毛公

鼎一厥詳勳父鼎祖作且乙段助為之吕伯敢且考師虎敢且乙考鄀公誠簠皇且乙皆如此陳逆敢祖字从示从助詳娩子敢可互證叔弓鎛余既經乃先且从几蓋俎字也

無異敢

盉文

惟十又三年正夕月初吉
壬寅王征南𡰥王易錫
無𠱾馬四匹無𠱾拜
手䭫首曰敢對揚天
子魯休令命無𠱾用作朕
皇祖釐季尊𣪘無𠱾
其萬年子孫永寶用

右潘師器銘四十九字葢文同惟吉字居二行之首已後每行各迻一字為異耳月作夕詳仲殷父𣪘𡰥作𠃊夲尸字用為𡰥詳宿𡛴鬲井𡰥妐鍾無𠱾其作器者名說文𠱾其長踞也即箕其踞字古人名無𠱾者作忌𩇕詳無𡋯鼎釐謚𨑳即僖

畢段敢

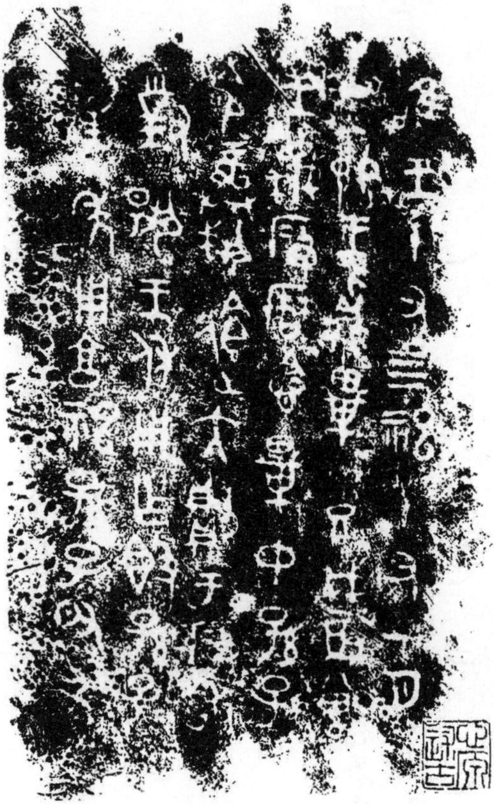

惟王十又四祀十又一月

丁丣王貞畢烝戊辰曾會

王𢦏（蔑）段曆念畢中（仲）孫子
令（命）龏𡚬遣大則于段敢
對揚王休用作敢孫子〻
萬年用享祀孫子保久

右䮊本銘五十五字子重文一筠清館作畢中孫子敢余已載入古文審
今依此拓補訂數字貞即鼎字說文鼎下云籀文㠯鼎爲貞是也卜部
貞卜問也即此銘所用義畢國名悉詳盂鼎曾讀會說文云會从曾省
也蔑曆詳彔敢中讀仲令通命龏通龔〻𡚬人姓名𡚬說文作𤔲
擊踝也从丮戈讀若踝俗作敤媧邨遣余向釋饋未碻或曰遣字案
史記酈食其讀異基（荀悅漢紀正作異基）集韻食羊吏切則讀遣爲遺是也遺
讀去聲大則二字甚明余向釋犬型㠯筠清館大篆作大人也今从此拓更正

則从緐鼎說文則籀文作鼎刂此變緐耳久攈古錄釋作之 三之一 畢敵

師遽敦

惟王三祀四月既生
霸辛酉王在周客新宮
王征正師氏王乎詩師
朕錫師遽貝十朋遽拜
䭫首敢對揚天子不
秝休用作文考旄叔
尊敢世孫子永寶

右黃冉同編修國瑾贈本銘五十七字見攈古錄三之一与積古齋文同范異客讀格征舊釋延案文義當是從説文從重文作徙即此秝舊釋顯意謂即㬎之絲而省者詳䍜侯鼎許印林釋宪敢云大誥弼我丕丕基立政以茲受此丕丕基傳茲訓為大大基疑此不秝即丕丕上丕借不下丕作秝以見

重意其說甚精旄通毛禹貢羽毛史記夏本紀漢書地理志作旄是旄抹即毛抹師遽簋文王後也世从丨古文十字也尨姬尊作□其萬年世孫子永寶師晨鼎作□世子孫其永寶吳彝作□世子孫永寶用邵鐘作□世子孫永吕為寶伯龢敢作□世子孫ミ寶用皆世字也文詳趩尊

史頌敢

惟三秊五月丁子王在宗
周令(命)史頌遹穌灋友里君
百生(姓)帥䢊盩于成周休又(有)
成吏(事)穌賓龍(寵)馬三匹吉金用
作鼎彝頌其萬秊無疆日
遅天子覭令(命)子子孫孫永寶用

右不知何人器柯㝂安贈本銘六十一字子孫重文二此敢有數器范不一余所見遹字有作𨗨者盩字有省作𢿋者有器文多蝕者又有鼎文与此同余已錄入古文審今又孜訂數字遹當是睦許印林釋栺(見攈古錄三之一)所引栺變體皆無来歷一踵薛氏之謬所不敢信(詳君夫敢)此字从𡴀即𡴀(詳賀鼎与青省作𡴀𡴀者異)从彳屮即辵古刻偏旁从辵者多作彳屮如矢人盤復字(古刻復多从辵)緐鼎還字可證盖

史頌敢

屮即止也詳叔癸鼎瀀亦可讀薦即瀌字偕用之如虘鐘濼為樂也百生詳叔姒敢盩當盭省通戾=者至也賓龍讀頌寵詳守敢寵詳頌鼎𩰫鼎詳增鼎進卬林云与揚字將字近余向呂為迎字今疑是廷逄二字說文廷往也从辵王聲春秌傳曰子毋我廷往古文作𢓸从㞷聲匡作匩从匚㞷聲匚籀文作匚此銘从辵从匚从羊聲与王㞷同義則往迎也䚁舊釋顯據吳閣學云虢季子白盤顯頵竝用文殊不類克鼎亦二字竝用心源孜音姜鼎勿廢文侯□命愽古圖釋頵然从□為見當釋覠集韻覠俱倫切大視也虢季子白盤孔□有光亦从見又追敢對天子□揚則从頁說文頵頭頵頵大也兩字古刻義同吳云此銘从日見尹贊吕為耿之異文余謂古人自有覠命頵揚之文今人習見顯命顯揚多不之詧耳徐籀莊釋追敢云余曩謂史頌敢之䚁當釋為定是敢之䚁當釋為覠今案从舊說作顯詞義較安是又未免遷就矣

追敢

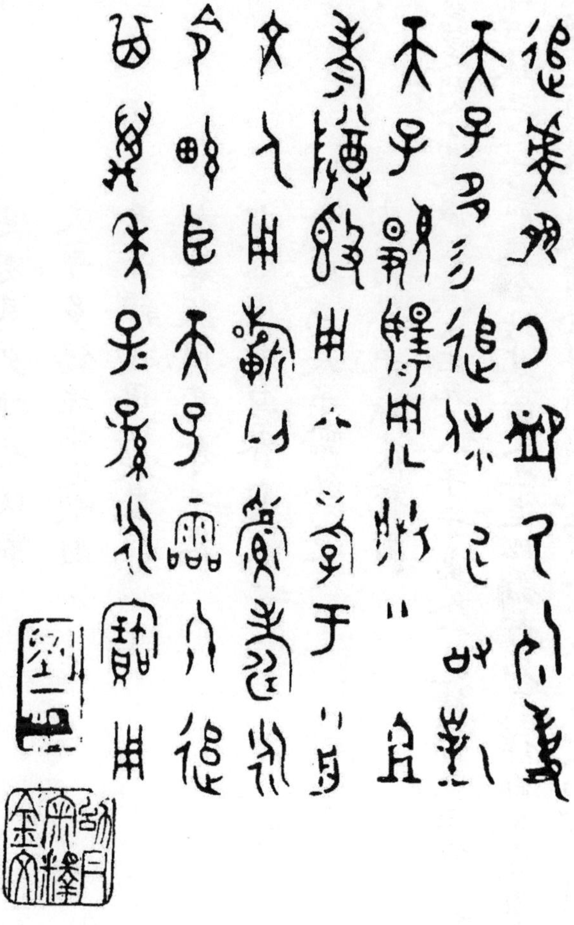

追虔夙夕卹厥死事
天子多錫追休追敢對
天子覭揚用作朕皇祖
考尊𣪘用亯孝于前
文人用蘄匄眉壽永
令命畯臣天子霝終追
其萬年子子孫孫永寶用

右不知何人器從門人丁仲康藏本橅入銘五十八字子重文一見積古齋與古鑑文同范異攈古錄三之一器蓋全此其器文也追作器者名厥詳勘父鼎事詳玥鼎覭詳史頌𣪘蘄畯霝終詳頌鼎觀此虔字从虍从文與小篆同即知古刻凡言康㒼者彼非虔字說在頌鼎說文厰籀文作嚴从㕞此厰㕞通用之理壬寅三月初九夜挍補裝於此

天無敔

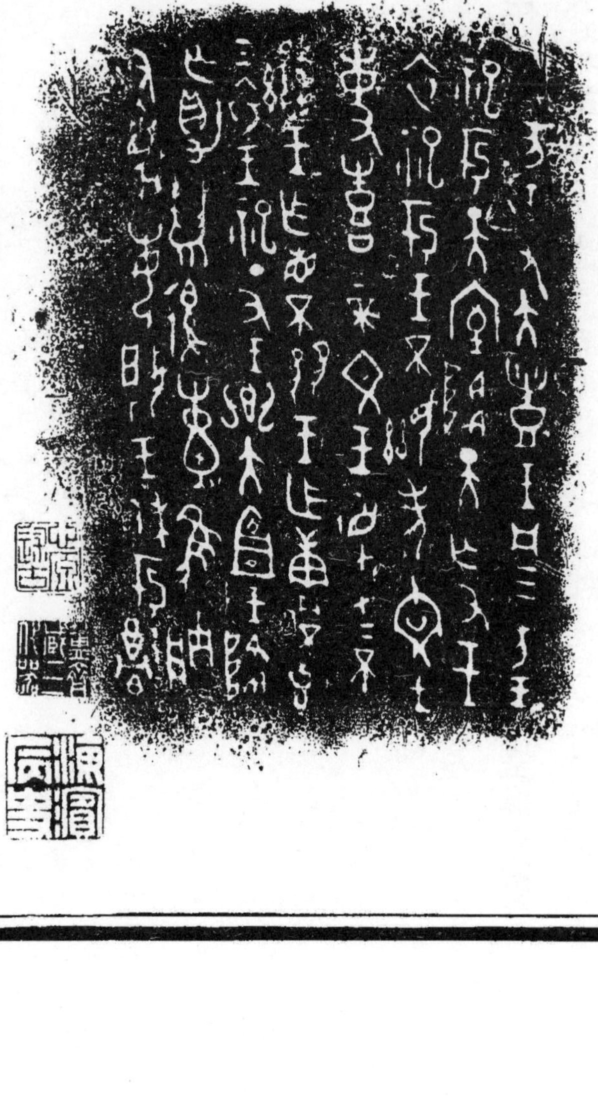

○亥王又(有)大豐王凡三方王
祀于天室降天亾(無)又(佑)王
卒祀于王丕顯考文王
吏(使)喜(饎)上帝文王德在上丕
顯王作省不綿王作庸不克
三卒王祀丁又(丑)王卿(饗)大宜王降
亾(無)助薦役(退)壺惟朕
又德每(敏)揚王休于尊𠤳

右陳壽卿器銘七十八字攈古錄三之一大豐敢也案豐固可釋豐惟呂大豐為豐邑則下文不貫古刻豐豊篆形無別斁狄鐘數〻熊〻作[豐攴]豐兮卩敔作豐而仲多壺醴作[豐酉]師遽方尊醴作[豐酉]則釋此為豊讀禮自協

方事也見易后不省方注王有大礼凡三事即下文祀天室祀文王饎上帝也凡戓釋同非詳鄭同媿鼎此三𠀇字碻是于戓釋刊於文義何且于淺非干干篆作干丂亾淺非刀也刀篆作㓚詳玑鼎天室當即太室明堂陰陽錄明堂之制周旋㠯水水行左旋㠯象天尚書帝命驗五府者唐虞謂之天府夏謂之太室殷謂之重室周謂之明堂皆祀五帝之所也天亾掾文義淺是作器者名亾通無古今人表賓須亾費亾極左傳兹作無姓考天黃帝臣天老之後則此銘為天姓亾名戓疑人何㠯天無為名不知古人質實不得㠯今俗拘忌例之也又王讀佑王謂助祭也卒戓釋衣非卒从衣作卒此作卒乃卒省卒祀謂終祀也吏使省詳玑鼎喜饎省说文饎戓作䭕糦詩吉蠲為饎傳饎酒食也大糦是承箋糦黍稷也饎上帝者㠯上帝也省詳鄙比鼎綿即肆詳綿鼎作省考其行作庸錄其功不肆者敬也不克

天無敨　十二

即左傳不忌不克之義天亡佑王祀天室祀文王饎上帝故云三卒王祀丁丑吕下記其相饗食礼丑吕又為之丑原从又也拍盤乙丑亦用又字卿讀饗食詳征人鼎大宜即饔無不宜之謂或曰大讀太[illegible]為廟形即廟字此云王饗太廟也文義叓協助或釋㝵非說文助从且此从[illegible]乃且之变而涉于貝者此類頗多从[illegible]即力蓋於助字為合薦或釋爵非說文作[illegible]即此復說文復古文作[illegible]寅簋進退作復与此同下一字或釋賴非发史鼎[illegible]貝与此不同或吕此銘為壼字說文壼作[illegible]云宮中道从囗象宮垣道上之形[illegible]中空白作十字此从[illegible]將十字填實書之皆象道形則退壼即退居之義朕它器多作[illegible][illegible]此蓋从冄从由將十[illegible]連之非从內陳氏釋作聃題此為聃敨謂是文王子聃之器不知聃从冄作[illegible]隸書且不作由況古篆乎每敨省末一字為[illegible]即亯即鬯詳毛公鼎一攈古錄吕亯之冂屬上尊字篆作[illegible]引許印林說[illegible]疑敨字上端今此拓明是上[illegible]下[illegible]

陳侯因資敦

惟正六月癸未陳侯因資

曰皇考孝武趄公龔哉大

慕克成其惟因資揚皇考

紹緟高祖薹啇侎竘趠文
𣶒爵者(諸)侯合(荅)揚氒德者(諸)侯
盡薦吉金用作孝武趠公
祭器鐘(敦)台(㠯)𢍉(烝)台(㠯)嘗保有齊
邦𦯢(葉)萬子孫永爲典尚(常)

右陳壽卿荅銘七十九字攈古錄三之一作陳侯彝因脊陳侯名脊从肉从次字書不載當即資吴閣學引翁祖庚説史記齊威王名因齊此作因資古者齊資字通用易得其資斧子夏傳及諸家作齊禮記昏義注資爲齊攷工記故書資作齊詩楚茨玉藻注引作楚薺記古書及漢碑有作楚資者餘如周禮眡祲注故書隮作資之類不可枚舉桓公即史記桓公午乃威王父史記稱桓公而此稱孝武桓公猶衞之睿聖武公止稱武公楚之頃襄王止稱襄

王也桓文之桓春秌之桓公也合即𢀖字左傳既合而来奔是也心源案桓作趄說文趄田易居也左僖十五年作爰田注爰易也漢書地理志作轅此銘㠯趄為桓龏說文云慤也義通恭𢦏吴書作𢧵釋戴此拓明从呂乃言字又从𢦏為𢦏不載字書惟字彙補有𢧵字音芟謀也非此銘所用義當是𢦏之異文說文𢦏作𢦏云言之閒也从口𢦏聲此从言即口也說文中口言二部為重文者如嘖讀吟訡（口部）謀𢘑謨𦉭信㐰詠咏謟嗂（言部）皆可取證也慕者顧也大願克成謂慕齊𤾊或釋烈非此从心从唯𠀤即心本銘慕恵二字从之可證又从唯与曾伯霥簠淮字从水从唯正同是惟字也（亦即唯二字本通）其惟因𬓝揚皇考者顯揚其親也紹說文紹古文作𦀌即此（汗簡引作𦀌）練即䌖詳克鼎𡎺勤省商適省或釋𡎺商為勳庸非說文墓从黃省此从黃不省非熏字也商篆甚明叀非庸字保為敉之重文見說文大誥敉寧武圖功傳訓

敉為安撫（廣雅釋詁一敉安也）竘或釋盜非此字从太即立从句即句（說文句作㔾从口从丩）說文竘健也勤適謂勤和（呂覽大樂注適和也）俅竘謂安勉此四字乃古人方言即自勉圖功之意也湻即朝䜌古文爵字詳毛公鼎一合即荅翁說是也桒左襄十年傳與伯輿合要疏使其各為要約言語兩相辨荅礼喪服小記屈而反呂報之注報合也史記樂書合生氣之和正義合應也皆荅字俗呂合為合同專字乃呂小未之荅為荅應字而又誤艸為竹令字書呂荅為正荅為俗何不攷之甚乎詳勳父鼎悳為德之本字今專用德𧇡盧或釋祼或釋獻皆非說文血部𧇡傷痛也从血聿（當云从𦘔省𦘔即津液之津）皕聲即此𧇡䳍者傷感呂䳍之也鐘即敔呂所鑄言之故从金說文敔鐘分用𨟻𨟻籀文登見說文古刻烝嘗字作𨟻𨟻籀文登字从之故呂𨟻為烝詳盂鼎台通呂詳仲師父鼎桒葉省後裔也典从竹古文典字見說文尚即常

豆閉𣪘

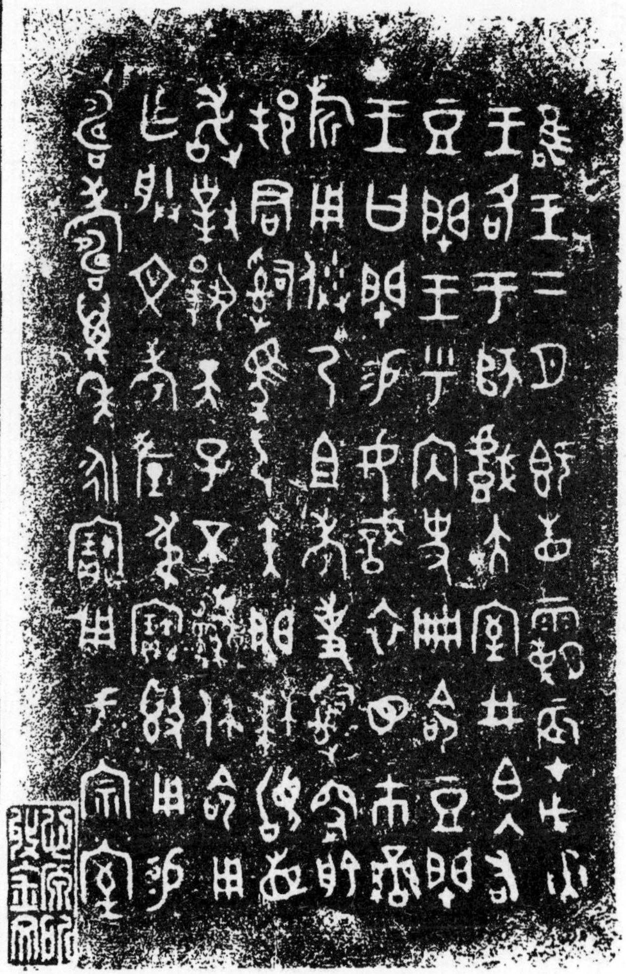

惟王二月既眚生霸辰在戊寅
王各格于師戲太室井伯入右
豆閉王乎許內史冊命豆閉
王曰閉錫女戠衣環市緣鑾
旂用併乃祖考事嗣突龠
邦君嗣馬○矢閉拜䭫首
敢對揚天子丕顯休命用
作朕文考鳌叔寶敨用錫
𥄳壽萬年永寶用于宗室

右盛伯羲器銘九十三字眚用為生詳𦔻比鼎各格省師當是京師戲讀麾見漢書高帝紀麾太室者開太室也与𦔻比鼎徲太室一例戉吕師戲為

人名則是師戲之太室王者明堂恐不得屬之人臣且冊命亦不得在人臣之室也太室詳䎽比鼎井詳𢿨鼎亘閉作器者姓名戠詳宄敢環詳曶鼎𢇍鑾者𠈇戜釋供非此字从小乃古文火字詳太保鼎汗簡人部引義雲章丞作𠈇即此丞通承詳石鼓釋文樂石文述突俞當是地名突从㞢當是㞢之稍殘者戜釋[illegible]俞从舟从亼与魯伯俞父盤同說文作俞今作俞戜釋艅非馬下一字从[illegible]當是[illegible]即手也下體引而曲之疑[illegible]字言邦君司馬執矢白授亘閉也未知合否書讀者

彔伯戜敢

惟王正月辰在庚寅王若
曰彔伯㦰繇自乃祖考又有
登于周邦右闢四方叀惠𢎪
天令命女肇不家墜余錫女𩰪鬯
一卣金車桒䍐較桒𢎪朱虢
⿰衤東虎冟〇裏金甬畫
𩋘韅金厄畫轉馬三匹鋚勒
彔伯㦰敢拜手䭫首對揚
天子丕顯休用作朕皇考
釐王寶尊𣪕余其永萬年
寶用子子孫孫其帥井刑受丝休

彔伯㦰𣪕

右賸夲銘百又十字子孫重文二彔當國名伯戜人名太保敔王伐彔子之國也戜字不見字書戜釋戎戜釋戒然从八明是古文終字詳頌鼎玩下文自乃祖考有登于周邦皇考釐王則彔伯戜為周釐王子而封于彔者可補內外傳之闕矣繇即謠即䌛即譌之即猷韓勑碑復顏氏开官氏邑中繇發謂繇役也謠言即譌言譌一作訛說文圝或字作䌛潘岳射雉賦良游呃喔徐爰注雉媒江淮閒謂之游即圝也故繇譌同字此銘从8从言即繇省又从[illegible]即古文為省為作[illegible]蓋合繇譌二字為之猷者發語辭大誥王若曰猷馬夲作繇爾雅釋詁猷言也注猷者道〻之言也幽通賦謨先聖之大繇兮注猷或作繇是也又讀有登詳毛公鼎一闢詳盂鼎四旁即四方令讀命冢隊省俗作[illegible]墜說文為秬之正篆金車金路也周禮巾車金路鉤樊纓九就建大旂㠯賓同姓㠯封[illegible]或釋華非詳毛公鼎一[illegible]幬省爾雅幬謂之帳說文作[illegible]云單

帳也軝俗作較詩淇奧釋文較車兩旁上出軾者古今注重較重耳也在車轝

上重起如兩角然此銘兩𩏂字上為宏下為鞄鞴即鞹𧛢冟甬轙厄轉兹

詳毛公鼎一𥂕勒詳無叀鼎宩㠯上文朱字較之知此湠非朱也案敄敢寅

簋皆云虎冟熏裏熏即纁省攷工記鍾氏染羽㠯朱湛丹秫三月而熾之湻而

漬之三入為纁爾疋三染謂之纁注染纁者三入而成爾雅郭注纁絳也儀礼士冠礼纁裳

注㠯朱為四入疏引詩毛傳朱深纁也知朱深於纁矣此从内非宂乃内之変而涉

於宂者古文変體如此者甚多此字盖从内从朱内即内古文内入通用詳無叀鼎是

合入朱二字會意纁三入朱四入朱必由纁而入故入朱者必纁然則宩即

纁之古文矣敄敢作[illegible]从㞢乃古文火字詳太保鼎即說文之[illegible]寅簋作[illegible]之

同而㠯辭皆㠯為東釋作練非也秤字所从之𠦬作[illegible]与上文𠦬𣌭字同

即知釋上文二𠦬字為華者未當對从貝之異文井𡊨省即型字

頌敨一

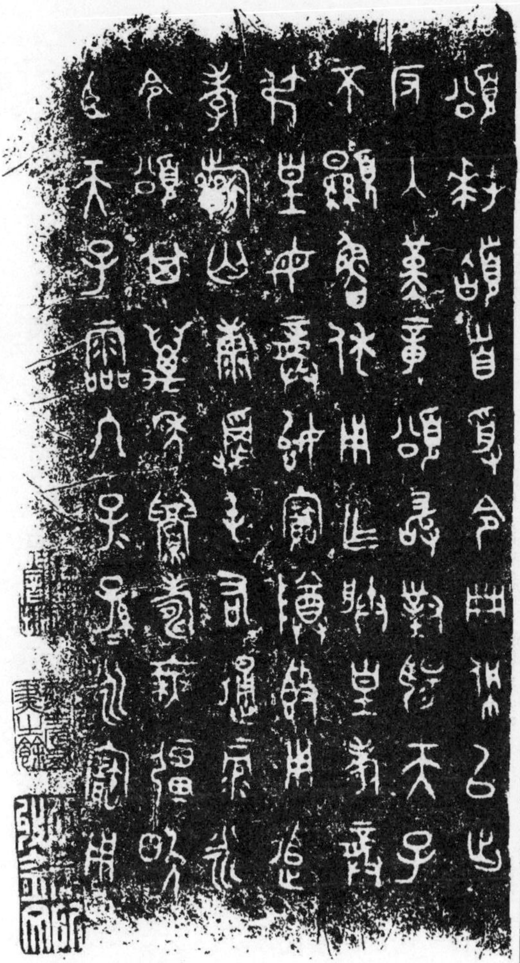

惟三年五月既死霸甲戌
王在周康昭宮旦王格太

室即位宰〔宏〕右頌入門立
中廷尹氏受王命書王呼
史虢生冊命頌王曰頌命
女官嗣成周債監嗣新造
貯用宮御錫女〔元〕衣黹純
赤市朱黃鑾旂攸勒用事
頌拜韻首受命冊佩㠯出
反入觀瑾頌敢對揚天子
丕顯魯休用作朕皇考龔
叔皇母龔姒寶尊𣪘用追
孝蘄匄康𩛩純右通彔永

命頌其萬年賢壽無疆畯

臣天子霝終子=孫=永寶用

右海豐吳子苾閣學式芬器銘百五十字子孫重文二見積古齋款識甲午典試河南時開封守吳仲懌重憙即閣學子也為言其臧器戊辰燬于火惟此敢蓋及拍盤及古兵之所謂劉者免為己三器拓本見贈皆錄之此與頌鼎文同惟成周儥下省廿家二字冊上多一令字孫字有重文為異釋具鼎銘

頌敢二

廷尹氏受王令書王乎
史虢生冊令頌王曰頌令
女官嗣成周貯監嗣新寤
貯用宮御易女玄衣黹屯
赤市朱黃鑾旂攸勒用事
頌拜稽首受令冊佩以出
反入堇章頌敢對揚天子
不顯魯休用乍朕皇考龔
弔皇母龔始寶尊壺用追
孝祈匄康㲚屯右通彔永令

釋同前器

右陳壽卿器字數與前器同而笵異攈古錄三之三載五器前拓即第五器之蓋此其第四器之蓋也

頌敢三

釋同前器

右楊星吾守敬贈本与前二器異范

師酉敦一

隹王元年正月王在吴格
吴大廟公族○釐入右
師酉立中廷王呼史牂門
冊命師酉嗣乃祖啇官

邑人虎臣西門尸熊尸
秦尸京尸畀匕尸新錫女
赤芾朱黃中絅攸勒敬夙
夜勿灋朕令師酉拜䭫
首對揚天子不顯休令用作
朕文考乙伯究姬尊𣪕酉
其萬年子〻孫〻永寶用

右楊星吾贈本銘百又五字子孫重文各一積古六第一器攈古三之二第一器皆同笵文皆蓋已收入古文審今得拓本再彔之許印林云[illegible]阮釋鳴未確攷毛公鼎放卣烏字皆从[illegible]則阮釋為近[illegible]吳氏云碧落碑靡作[illegible]恐此字下半亦从非今釋秝門二字亦是人名廣韻作[illegible]戶戈切又伯新戈作[illegible]龍龕手鑑音科鄦原鐘和連字作[illegible]即此𤔲讀𤔲商適省[illegible]

門上多二橫筆阮吳皆釋門桒即㒺字說文門部㒺登也从門二二古文下字讀若軍敶之敶六書故引唐本說文从二二古文上字則今本从二誤也上門故訓登西㒺熊秦京㚢匕皆夷人名色此銘五㞢字阮吳皆誤詳宿姃鬲絅依吳釋即檾即褧也絅麻也中絅中衣釋名中衣在大衣之中是也攸勒詳無叀鼎

師酉敦二

釋同
前器

右楊星吾贈本字數同前積古六第二器攈古三之二第四器皆同笵

師酉簋三

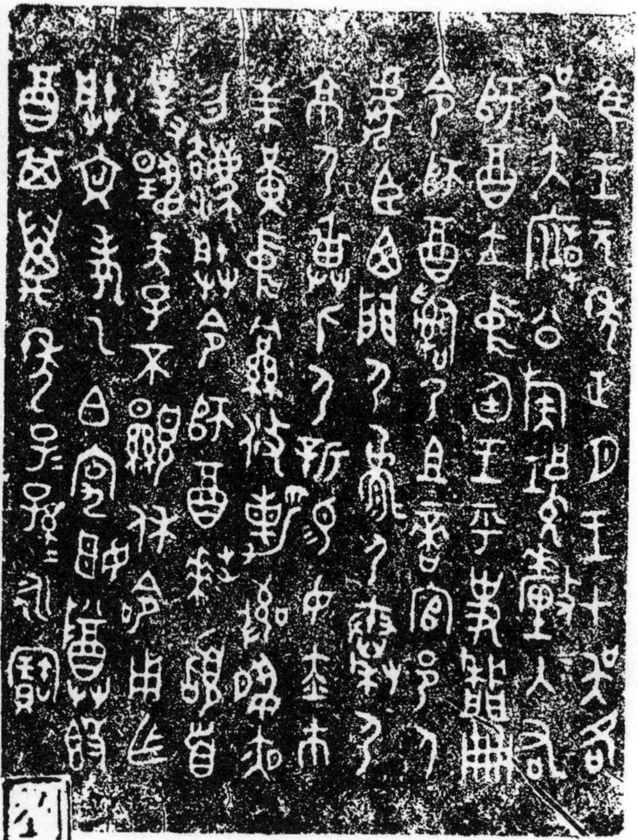

右伹子榆贈本与前二器文同笵異銘末無用字攈古三之二第二器同笵

師褱敦

王若曰師寰[貝戠]淮尸譎我
員畮臣今敢博乍眾叚反
乍工事弗速我東域今余肇
器
令女達𢆶師㝵嫠䋣卬左右
虎臣正淮尸即質乍邦嚣曰冉曰萃
曰鈴曰達師寰虔不㒸夙夜卹

文乍穡事休既又工折首執縛

無諆徒馭敺孚士女羊牛孚吉金今

余弗叚組余用作朕後男巤

尊𣪕其邁年子=孫=永寶用亯

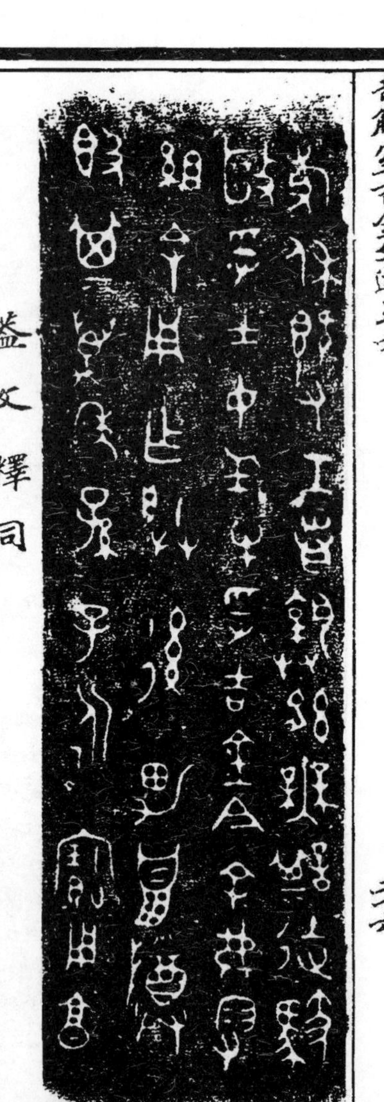

盞文釋同

右楊星吾贈本銘百十又五字子孫重文各一盞文反下無阡字逑下無我字達下無㞢字工下無折字筠清三司范攈古三之二異范已收入古文審近得此拓汞之褱說文未收新坿作褱吾見褱盤作褱与此同是古文褱也第六字盞文作𢦏〻从又从國即摑𢧵（又即手也）此當是賊从又者手取之也古人罵夷狄曰虜此云賊淮夷義亦然也貟畮地名見兮田盤𠬝即假後漢書和帝紀勿收假稅注假猶租賃博阡眾𠬝謂廣收租稅反阡王事猶左傳築室反耕

者之意速益文从朿說文迹籀文作𨒪即此或作蹟小足念彼不蹟傳不循道也域从邑即國字說文或域皆國字後人分用市師省贇舊釋贇案贇不从𢼄惟古文釐从之說文釐从未古刻从來从禾从木釐即賚詳噩侯鼎楙从𣏟即秝古文从木之字多从禾如休从禾木是也印說文作𠨧从卩从爪此从彐即卩从爫即爪㠯贇楙印四人名正征省質即𧶽从斤者變文說文𧶽探堅意也从奴从貝貝堅寶也讀若概質斥邦者謂探其國也𦊫即狩詳友尊萃从㸚从艸合萃焠二字為之冊萃鈴達四地名穡从片說文籀文牆字如此此用為穡休既猶言無盡工功省緯詳虢季子白盤無諆即無期言多也孚俘省組者繫也叚讀暇余不暇組言𠩵俘士女羊牛不暇收用𤔔石鼓文𨘋字偏旁如此荷屋引龔定盦說吕為籀文子與此同非也𤔔乃人名或曰即臘字臘祭之器故云臘尊敢它如翁祖庚吕貞為竟吳子苾吕楙為和印為兆翁又吕和兆為楚申二字許印林吕晦為氓皆不得篆形者也

召伯虎敨

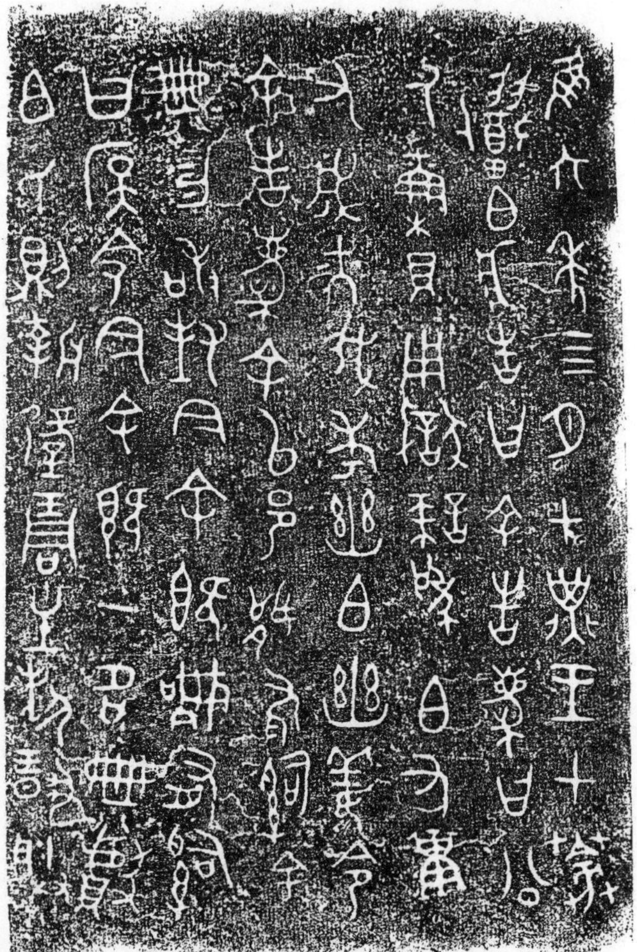

惟六年四月甲子王在葊
召伯虎告曰余告慶曰公
氒集貝用獄誅爲伯又蕭
又成亦我考幽伯幽姜令
余告慶余吕邑○有𤔲余
典勿敢封令余既○有𤔲

曰侯令令余既一名典獻

伯氏則報璧琱生奉揚朕

宗〇其休用作朕烈祖召

公嘗敦其萬年子孫寶用

享于宗

右揚星吾贈本銘百又三字積古六同范攈古三之二異范子說文籀文子作□即此慶人名集字从□从案說文爵古文作□汗簡入部爵从□此从爵在木上爵雀也与隹在木上同意是集字也誅从朿古圜幣文吕珠為銖篆作珠朱上多一橫筆可證也轟舊釋庸詳石鼓文勿敢封言不敢自封厌即侯惟也齋一其邑之人數載之典冊吕獻於有司故曰一名典獻生阮作主吳書兩敢皆作生琱生人名奉舊釋對此字从屮从□即□吳本作□當是奉汗簡作□从孔与廾同意詳矢人盤宗下乃君

字此蝕也刿詳冊重鼎召公之召吳本作[illegible]嘗吳本作[illegible]上多兩横點非寶字吾收此入古文審係從阮本今得此拓又吕吳本校之爯釋于此案銘中[illegible][illegible]二字吳本弟二敔文雖不同亦有此字作[illegible]仍不可識

邘敔

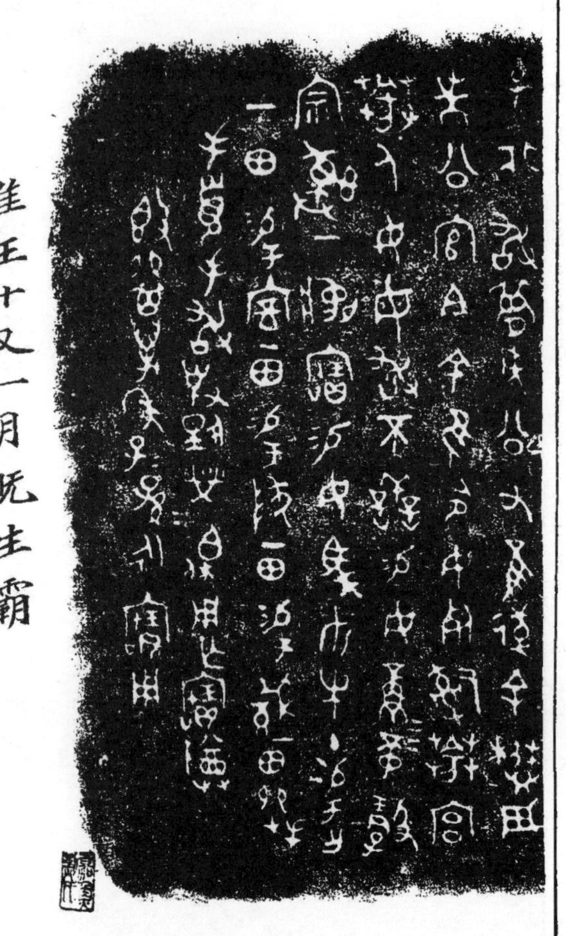

隹王十又一月既生霸
丁亥㚤季入右卯立中廷㚤
伯呼令卯曰飤乃先祖考死𤔲

艾公○咎乃祖亦既令乃父死
嗣萄人不盄虘我家窒用喪今
余非敢夢先公又佳造余懋㞋
先公官今余佳令女死嗣萄宮
萄人女毋敢不善錫女尊四龍瑴
宗彝一將寶錫女馬十匹牛十錫于乍
一田錫于○一田錫于陜一田錫于𢦏一田卯拜
手䭫手敢對揚艾伯休用作寶尊
敦卯其萬年子=孫=永寶用

右楊星吾贈本銘百五十字子孫重文各一積古六同笵攈古三之三係盄文異笵此或器
文与己入古文審淂此冊系飤讀嗣奴讀仕昔上一字阮釋家吳本作窒盄即淑詳克

鼎虘阮釋孚非从爪即妥从爪反爪即𠂤牧敦亦多虘庶民是虘字也夢讀戔敦
梁傳昭二十年自夢釋文夢本作蔑可證辰畢段敦戊辰字作㕜今鼎農字从㕜或釋
㐫田爯皆非詩遠猶辰告辰者時也時者是也窒用為室毋通毋尊四龍敦四尊皆
名龍敦宗彝一將寶言此一器名將寶也將即鬻鼎字宮或釋宮未碻䭫手之手通首
潛研堂跋此敦云春秌曹公子首二傳或作手同聲叚借也

不𡠦敦

唯九月初吉戊申伯氏

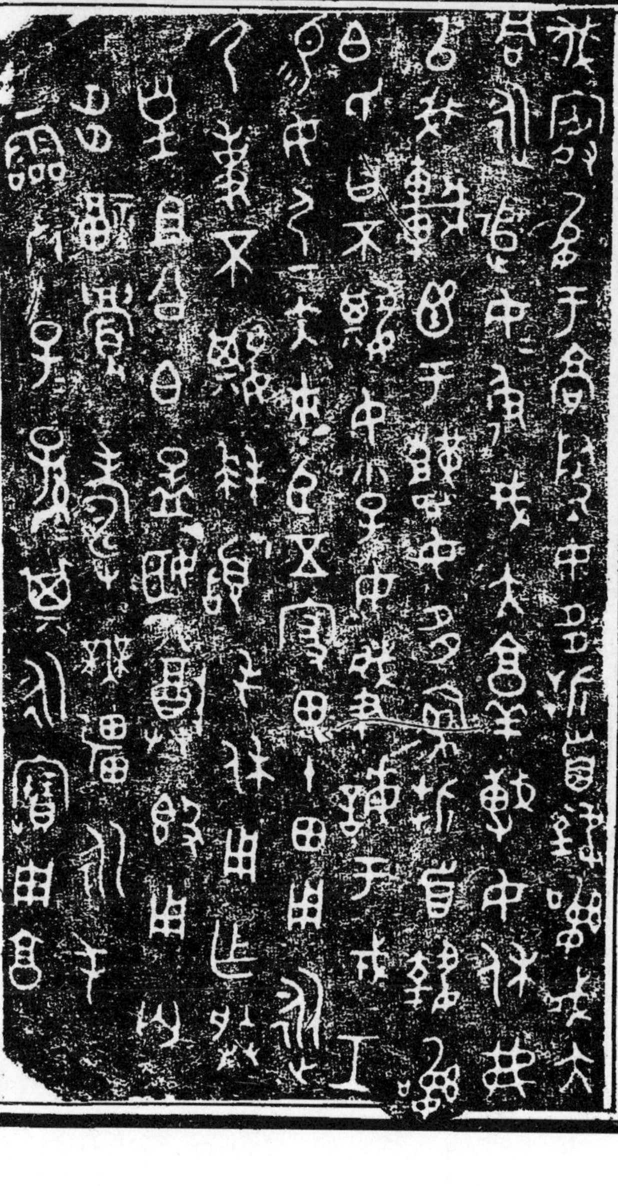

曰不𡢁馭方玁允廣伐
西俞王令我羞追于西余來歸
獻禽余命女御追于䍐女以我車宕
伐玁允于高陵女多折首執訊戎大
同从追女＝及戎大𦎫戟女休弗
以我車函于囏女多禽折首執訊
伯氏曰不𡢁女小子女肇誨于戎工
錫女弓一矢束臣五家田十田用从
乃事不𡢁拜稽手休用作朕
皇祖公伯孟姬尊𣪕用匄
多福眉壽無疆永屯

盄終子=孫=其永寶用亯

右楊星吾贈本銘百四十又九字女子孫重文右一攈古三之三同笵不𡢁人名𡢁即欺从丮中吕本銘執字及齊侯鎛鳧執恐楊執字例之知丮中為丮之別體翁祖庚云西俞地名畧字予釋洛者玁狁侵周在涇洛之間漢書武王放逐戎夷涇洛之北此洛即漆沮水非伊洛之洛漆水出俞山當即西俞故知畧為洛之借也𢼸即敏之借心源案馭方亦人名見噩侯鼎蓋与不𡢁同事者特作敔者不𡢁故略之玁允即玁狁廣伐者大舉伐之也或曰廣獷省毛詩憬彼淮夷韓詩憬作獷羞進也周書皇門羞于王所是也輦釋車非詳𦵹伯鼎小足戎佳戎輦古兵家何嘗不用輦也緯詳虢季子白盤𦍒敦省詳齊侯敦案即敦字詩鋪敦淮濆釋文引韓詩敦迫也戟从戈虢季子白盤搏从干皆从戰伐取義即薄伐之薄此云𦍒戟即迫而攻之宗周鐘𦍒伐亦是此義阮釋亯失之矣函通𠚔詳毛公鼎一手通首見邪敔乇盄終詳頌鼎

奇觚室吉金文述卷五

嘉魚劉心源幼丹甫學

尊彝簠簋匜文

此尊

器文

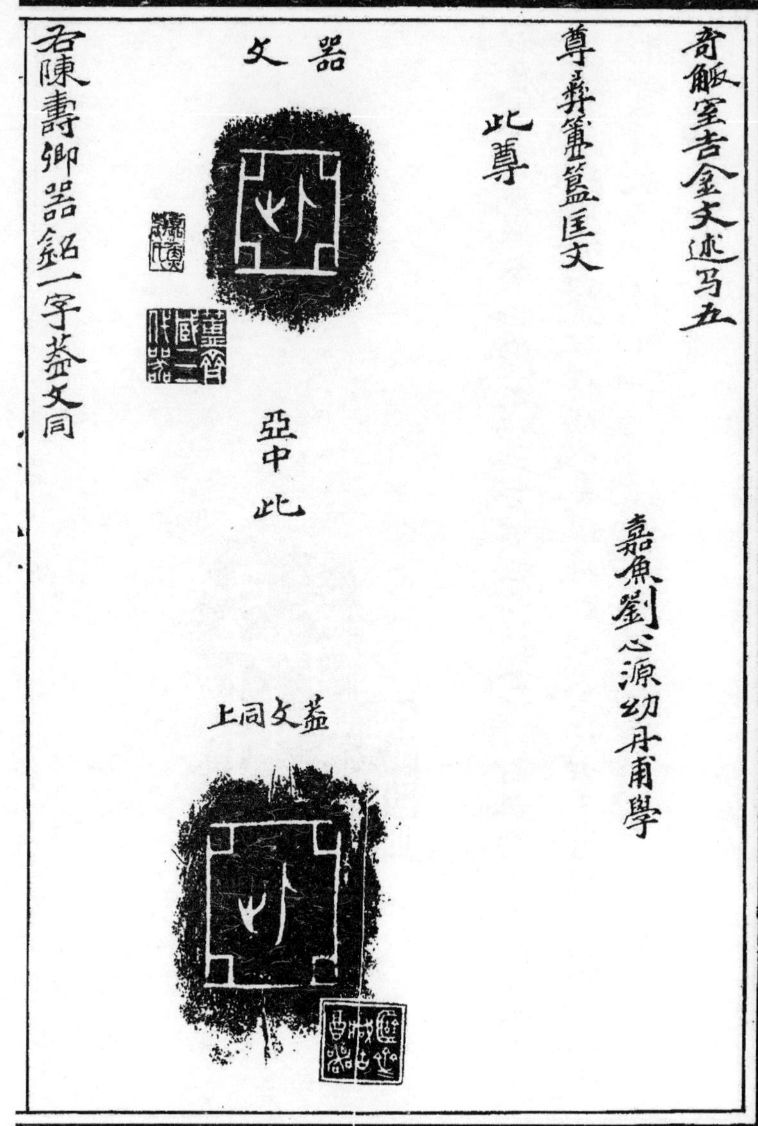

亞中此

蓋文同上

右陳壽卿器銘一字蓋文同

己尊

己
〇

右廣東梁氏藏本摹得之銘二字下一字相承釋爲立戈形或釋爲立戈穿貝形阮氏依吴侃叔釋作戍見浸益款識余於古文審釋作戟細究篆形實皆未碻闕疑可也

足迹尊

○○○

右京都縣本銘字不可曉之迹詳父癸敢

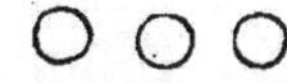

冉尊

冉祖丁

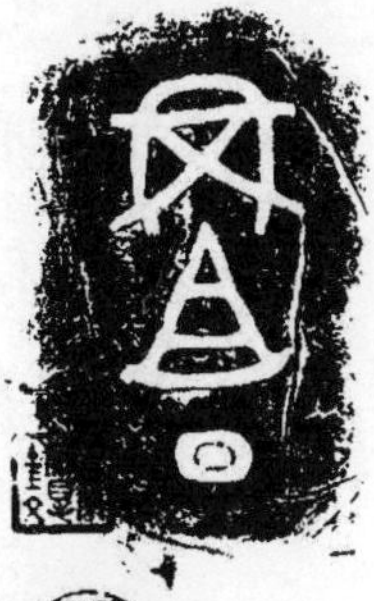

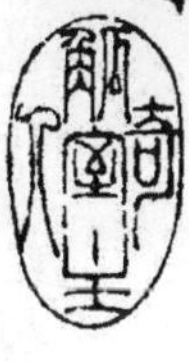

右潘師器銘三字冉字省俗从宋人釋舉誤詳鄖始喁舁冊匜古器多用此字戈地名戈人名也釋森為是森今作冉元和姓纂冉高辛氏之後

象尊

象祖辛

右大興孫問羹藏本銘三字象字作象形周禮司尊彝有象尊阮諶禮圖云於尊腹之上畫為象形是也

覃尊

器文 亞中覃 父乙

蓋文同上

右䡾本亞中銘三字器蓋同或云是敢覃說文作𠧪解云長味也从㫗鹹省聲按說文㫗厚也从反亯及亯者倒亯字也亯作𠅘倒之為㫗即㫗此从⊗即鹵从㫗即倒亯是覃字也父甲尊作㔾阮氏釋⊗為西㔾為宮失之晉姜鼎譜𠧪京師即晉覃也此銘覃當人名或是禫省則祭器也

祖辛尊

孫祖辛兩足迹

右陳壽卿器銘三字兩足迹詳文癸敢近人謂足迹取繩武之義又謂兩足迹即世〻二字余案古刻止字多為足迹詳𢦏癸鼎而世作㞢㞢与止作㞢形同至伯𤔲敢世作[illegible]直吕反足為之詳師𩰫敢故知足迹為世之說不為無據攷古者慱涉互參自不河漢斯言

父己尊

角　角
子父己

右陳壽卿器銘三字子上爲雙角形其兩髦之象乎詩柏舟正義引既夕記云既殯主人脫髦注見生三月翦髮爲鬌男角女羈否則男左女右長大猶爲之飾存之謂之髦又云兩者已象幼時鬌則知鬌已挾囟故兩髦也中爵父乙爵並有甲字疑此之省

參尊

箙中雙矢參父乙

右彝本銘三字參人名上為箙受雙矢形攷廣疋釋器掤医簏䪅鞴韇矢藏也鄭風毛傳掤所吕覆矢左傳作冰貫逵注冰櫝丸葢也說文医盛弓弩矢器也引齊語兵不解医王氏廣疋疏證云簏䪅矢箙之圜者簏或作櫝韇䪅通作丸後漢書南匈奴傳弓鞬韇丸李賢注引方言藏弓為鞬藏矢為韇丸集韵引埤蒼云鞴靫箭室也亦作步叉釋名步叉人所帶吕箭叉其中也續漢書輿服志引通俗文云箭箙謂之步叉鞴即箙此銘象形會意義可說音不可定吳侃叔釋復無款識子父己爵㽙為族亦未碻

子尊

作父乙子

右陸存盦藏器銘四字壬辰購於都市拓吕見贈子即以戉釋克非

皿合尊

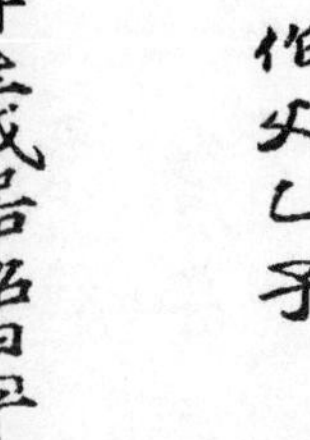

亞中人
歐獸形皿合
作尊彝

右柯巽盦贈本銘五字亞中作人毆嘼形皿合作器者姓名說文皿讀若猛字林皿音猛此銘皿當猛省或是孟省

魚尊

魚作
父庚彝

右陳壽卿器銘五字

父辛尊

○作父辛

尊彝

右臍本銘六字首一字蝕

商尊

商作父丁畬尊

右陳壽卿器銘六字商作器者名丁下波非吾字攷古刻簠字鄀公諴簠作□魯士㠯簠作□鑄公簠作□知銓即鈷□□即□之即鈷古文簠从□古文匚从鈷又有用鈷者集韻鈷音胡盛黍稷器名同瑚蓋猶知鈷簠為一字不似玉篇之僅以鈷為鈷鏻也鈷鏻即鈷鉧熨斗也此作吾益省銘蓋云作簠尊二器也古刻之例本銘多兼言他器說詳古文審

員父尊

員父作
寶尊彝

右陳壽卿器銘六字員从鼎籀文員字見說文妘下文見石鼓文

雝公尊

雝公作

寶尊彝

右陳壽卿𧮫銘六字雝應省路史國名紀吕雝為應左傳邗晋應韓即此

趣尊

趣作祖丁

寶尊彝

雝公尊　趣尊　乜白尊

右鼎本銘七字首一字从走从㔾即耳从又即反又字合之爲趣作器者名也

北伯尊

北伯○作
寶尊彝

右鼎本銘七字路史國名紀有北古之侯國黃帝遷蚩尤之黨於有北詩投畀有北是其地吳氏攈古錄有北子彝此𠊱伯爵之升降無定也或曰北爲邶省說文邶故商邑自河內朝歌以北是也亦作鄁 誤作邶 𢼸北伯名从攴从爪乃𣪊字爪古文示字又从山古文火字亦是山此𢦏𣪊之緐文𢿣

史工父尊

工史父作父
癸尊彝

右潘師器銘八字上三字亦可讀史父工又可讀工史父總之爲人名也

盬尊

○作父辛
寶尊彝昌

右𩛻夲銘八字首一字作𧖴者名近人釋相未碻从古文匡从夭从省（省詳比鼎）[illegible]字書不載闕疑可也末一昌字張筱農器居中行下際空地正當辛彝二字之間与此異范

傳尊

傳作父戊
寶尊彝亞刊

右陳壽卿器銘九字傳作器者名刊謂刊此銘此字从丅即匕反刀字也从干碼是干篆自宋呂來鐘鼎家皆誤呂卩爲刊（詳玐鼎）觀此篆从入一當知于干篆迥絕不可棍矣噫

卣尊

卣○匔作

父丁宗寶彝

右陳壽卿器銘九字卣即魯詳究敢[illegible]近人或釋文或又吕為与[illegible]祖乙卣[illegible]

予卣形近釋為子皆未碻[illegible]旁人名

冡龍尊

冡龍作日癸公
寶尊彝

右潘師器銘九字即古鑑父癸尊也冡龍人名此二字或釋為丁亥五月非也案說文冡如野牛而青象形与禽离頭同𠑹古文从儿禽离頭从凶之象形此从凶象口耳鼻形九肖龍字省頌壺龔伯假龍為之作龔（頌敦作龔）龍伯戟作兕龍

兕龍尊　交尊

屖敢作𢑚昍皆与此合知非五月二字且篆法五不斷無作㐅者五亦不作㐅

交尊

交從嘼徠○王

錫貝用作寶彝

右賆夲銘十二字殘一字交作器者名嘼即獸即狩書序往伐歸獸釋文本或作嘼詩搏獸于敖後漢書安帝紀注作薄狩張遷碑帝遊上林問禽狩所有石門頌惡虫𧀼狩竝可證公羊桓四年傳注獸猶狩也是也盂鼎錫乃祖

南公旂用𨘋从辵取循行之義逨从辵即行来字說文来收而來下云周所受瑞麥來麰一来二縫語句有譌字象芒朿之形天所來也故為行來之來許氏此解本義段借合而為一汗簡部首作𢓊从辵又引文雲切韻作𢓊𢓊𢔃从辵与从彳同意實行来本字也𩫏伯厨敢有𢓊矢人盤有𢓊郭氏盖有所本矣

王田尊

王旨詣攸田麗緣豕

作父丁尊彝

右柯㪙盦贈夲銘十二字金石家多錄之釋之誤旨或有作旨者釋主曰釋十月皆未得篆形也案旨為一下从甘甘篆作甘非从曰旨旨曰篆作甘為口含一旨从匕从甘旨篆作亦或省作旨旨从口与从甘同意甘原皆取義吕古刻偏旁證之如師遽方尊旨从旨康鼎旨从旨皆即旨麦鼎旨从旨師奎父鼎旨从旨皆即旨是此銘為旨字無疑矣旨非銘意所用當是詣省攸地名言王詣攸地而田獵也林之有作林林者或釋龍或釋龖或釋龖或釋二犬形皆非此即古文麗字說文麗古文作丽即林汗簡引王庶子碑作丽麗戈作丽取盧盤麗姪作麗正从林知此銘碼是麗字易麗澤注麗猶連也即此銘所用義豨之有作豨者近人釋虩此字从豕不从虍明是兹豕今釋豨說文云二豕也豳从此闕謂闕其音讀案古刻隊作豕豕豕實皆豕字仍是㣇形而豕字之作豕豕兹卣皇父敢又古刻家字从豕是豕豕㣇同字矣說文㣇脩豪獸緑㣇屬引虞書緑類于上帝今書作肆文義假為遂古刻肆从㣇

豸即豕則豯即豨也豯乃豪豬之屬故銘云豯豕余見一拓本豕下重文作=是言㕙豯豕二也末一字从舟从𢍰省當是𢍰之會意字釋船者謬豨又詳豕韋布

俞尊

丁子王省虘且祖
王錫小臣俞虘貝
惟王來正尸方惟
王十祀又五彡日

右𦗷本銘二十七字丁子詳辛子敢省詳鄁匕鼎虘地名案擦古録祖辛觶有

[illegible]字釋為虎余孜盉鼎醵字酉旁作[illegible]（有燕烝祀無敢醵）象獸首尾足爪形說文豦

鬥相丮不解也从豕虍豕虍之鬥不解也讀若蘮蒘之蘮（當云讀若蘮蒘之蒘此誤）司馬相如說

豦封豕之屬一曰虎兩足舉彊魚切此从[illegible]象舉足形与許氏後解合且即且用為

祖齊侯鎛用亯于其師考所从且字正如此豦地有祖廟者左氏所謂邑有先君之

廟曰都也俞郱作器者名詳豆閉敨錫豦貝者吕豦地之貝錫之也正讀征[illegible]即

尸讀𡰥詳古文審師寰敨正𡰥方詳綸鼎五下又重五畫金石契釋莽布引元李

治測圓海鏡記算有縱橫二體其縱者五作川其橫者五作三此銘五畫仍五字心

源棨十祀又五者十五年也五日則正月五日也或曰又五五日者十年又如五十五日也

心源又棨豦之可釋夔說文夔神魖也如龍一足从夊象有角手人面之形此从[illegible]即古刻

中䪢訾字作[illegible]者也从丫即‖从𣎴象尾形与此形異意同从[illegible]即足即[illegible]之倒文

是夔字也漫校偶得汞之吕質博足己亥三月初十記

遣尊一

惟十又三月辛卯

王在斥錫遣采曰

○錫貝五朋遣對

王休用作姞寶彝

右陳壽卿器銘二十八字十三月詳古文審唐典彝斥地名㠯伯卣名云王在斥遣作器者名采采地今俗作寀𢦏非遣乃地名即所錫之采也

遣尊二

釋同前

右彝夲銘与前同特異範耳

趩尊

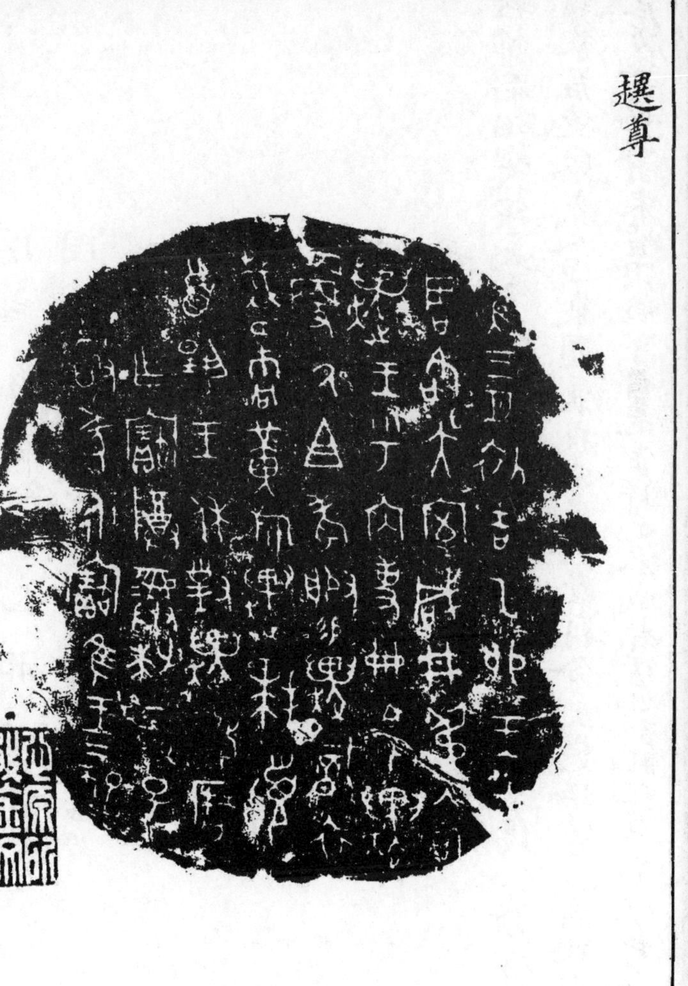

趩尊

惟三月初吉乙卯王在
周各(格)太室咸井叔入右(佑)
趩王乎(許)內史(史)冊令(命)趩
更乃祖考服錫趩戠衣
載(韍)市冋(絅)黃(衡)旂趩拜䭫
首揚王休對趩蔑曆
用作寶尊彝業孫子
毋敢家(墜)永寶惟王二祀

右趩尊銘六十八字太室詳鬲比鼎咸字截句攷毛伯彝命錫鈴勒咸文云吕邦冢君徒馭戜人伐東國厭戎咸史懋壺親命史懋路筭咸無敄盧王宜尸方無敄咸句末皆用咸字自是當時文法咸者皆也即礼記莫不咸在之謂許

印林曰此銘咸爲咸林井𣏟爲邢叔讀爲咸邢𣏟引阮書綏賓鐘鄭井𣏟爲證不知邢爲鄭地可云鄭邢叔咸林雖在鄭地然止可云鄭咸林必不可云咸林邢叔況割去林字而云咸邢叔也許未詳參各器故有是誤井𣏟詳古文審井侯尊右即佑之正字趩人名受詳舀鼎氒即厥詳勤父鼎服者事也舀鼎云受厥祖考事是也戠詳究敢載或釋韋非此字𢦏下韋乃韎省許印林釋韎是也遣小子敢有韎字即韋說文韎茅蒐染韋一入曰韎从韋末聲鄭氏駁異義云齊魯之間言韎聲如茅蒐字當作韎此言當从末聲不當从末聲也柰末聲未始不可讀昧韎爲赤色韎市即末紱赤芾緼韍也芾爲市俗字同紱韍玉藻鄭注緼赤黃之間色同絅省夲字作褧縈竝見說文玉藻禪爲絅是也黃橫省通衡珩蔥衡白珩是也楚語白珩注珩佩玉之橫者是也對字在休下當是揚下奪補於此然即如此讀是揚王休召對命也義自通蔑曆詳彔敢葉葉省後裔也陳侯因資敢葉萬子孫即世

萬子孫也師遽方尊𣪘孫子永寶黄尊其𨚵孫子永寶兹从肉与胄同意非从目也説又詳師遽敦

父乙尊

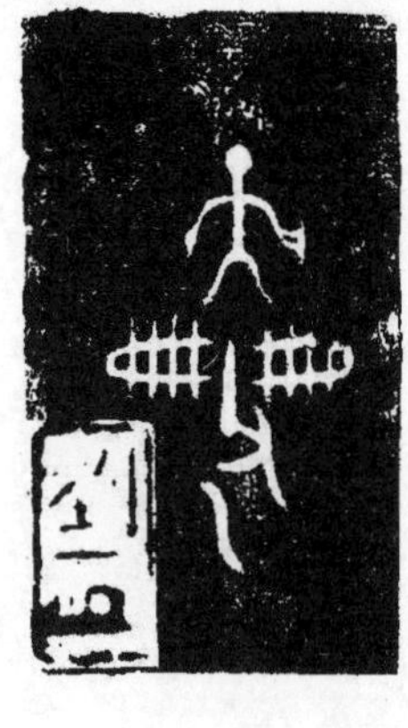

子冊父乙
冊

右但子揄直牧祖蔭贈本銘五字紙剔署受笙送三字當是臧器者之名號也凡子榆贈本皆如此

㬮尊

㬮𢓊王女南○

○○用作公日

辛寶彝旅肇

右伹子楡贈本銘十七字攈摭古録收入尊類㬮人名集韵四十一迥㬮火光火迥切廣韵十娗㬮公戶切女汝省女南汝水之南也公日辛詳周䜭壺𢦏即𢦏詳敔癸鼎肇詳蓥伯鼎

穌彝

穌作昭
伯文辛
寶尊彝

右伍子榆贈本銘九字穌作器者名

寶彝一

作
寶
彝

右[illegible]本銘三字

寶彝二

作寶

尊彝

右謝方山贈本銘四字

匕辛彝

子豕匕辛

右福山王蓮生司業懿榮藏器銘四字豕字象形蓋祭牲也匕妣省匕辛猶言妣辛此子祭母之器或謂子爲商姓坿會耳

士告彝

惟十月初吉辛子公始錫士告貝在菊京用作父乙寶彝其子孫永寶

右彝夲銘二十七字辛子詳辛子敢始即姒詳仲師父鼎士告作器者名菊京地

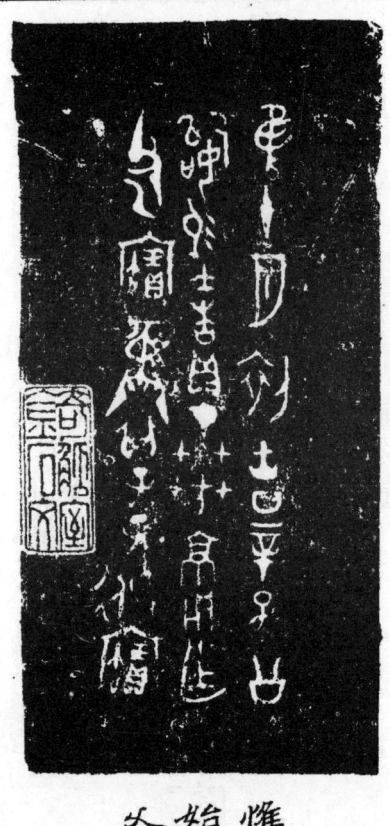

名詳古文審井侯彝

危姞彝

𢀛姞作皇兄尹叔尊
鬻彝尹叔用妥多福
于皇考德尹叀姬用
蘄匃賢壽綽綰永令命
彌氒生霝終其萬年
無彊子子孫孫永寶用亯

右亨仲康藏本橅入銘四十八字子孫重文二𢀛姞𢀛國姞姓婦人也國名紀古有𢀛國莒邑有大𢀛左昭元年蓋其墟也皇兄猶皇考周邑上凡光大之詞多稱皇無所避忌廣疋釋詁皇大也是也妥綏省叀惠省綽綰寬裕也詩俾尒弥尒性傳弥終也生即性周礼大司徒辨五土之物生注杜子春讀生爲性是也霝通令詳頌鼎氒詳𦢊父鼎

吳彝

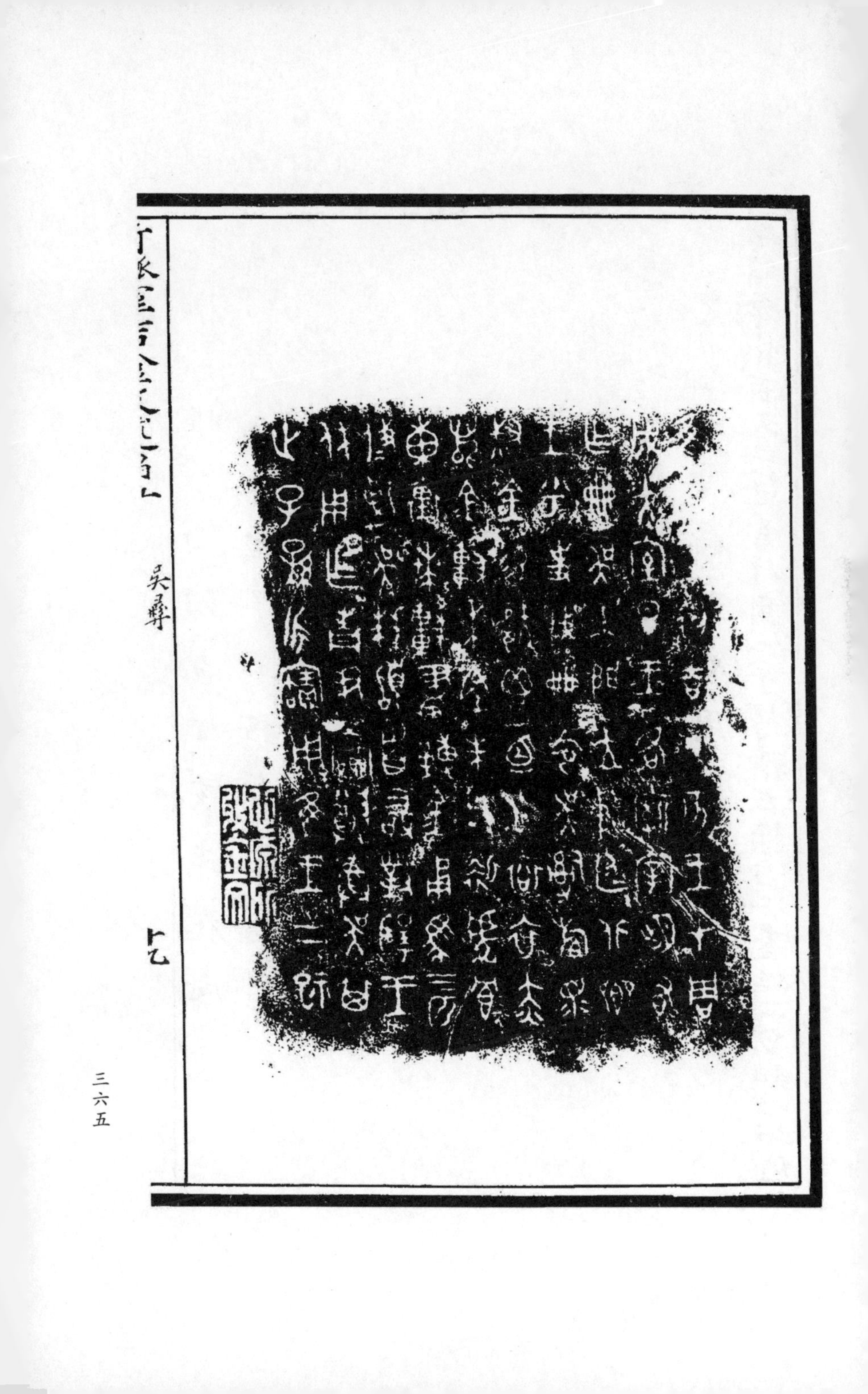

吳尊

惟○○初吉丁亥王在周
成太室旦王格廟宰朏右
作冊吳入門立中廷北鄉嚮
王呼史戊冊命吳嗣旃洎
叔金錫𩰫鬯一卣元衮衣赤
舄金輦賁鞃朱虢䪊虎冟
熏纁裏賁輦畫轉金甬馬三匹
鋚勒吳拜䭫首敢對揚王
休用作青尹寶尊彝吳其
世子孫永寶用惟王二祀

右睛彝銘百又二字首行闕二字據積古攈古二書作二月知此拓傳

墨朱周也太室詳鄦比鼎朏人名中廷余向釋中作讀中阼令仍釋中廷鄉即鄉讀向詳𢓊人鼎旓未詳阮釋旓云通帛爲旓故从㫃从帛𥿍即洎詳毛公鼎二旓叔皆地名言司此二地之金即周禮職金也卣說文作𠧪气行皃从乃卣聲讀若攸今作逌古文用爲攸禹貢陽鳥攸居豐水攸同九州攸同漢書竝作逌石鼓文君子逌樂毛伯彝無逌違是也与迺作逌者別𧝎說文作𧝎云天子享先王卷龍繡于下幅一龍蟠阿上鄉从衣公聲目綮當篆作𧝎从㕣聲說文口部㕣山閒陷泥也从口水敗皃讀若沇州之沇九州之渥地也故吕沇名焉㕣古文㕣又沇下古文二作沿一作㕣是㕣即沿即沇沇今作兖𧝎从㕣得聲非从公也彝詳𤔲伯鼎𠦪鞀虢𤬬較冟轉金甬竝詳毛公鼎一虢即鄦青尹當是靜君之省

虢叔簠

虢𠦪作旅匡

其萬年永寶

者陳壽卿器銘十字攈古録引徐籀莊説左僖五年傳虢仲虢叔王季之穆也疏引賈侍中説虢仲封東虢虢叔封西虢案仲後之有虢叔見左隱元傳及鄭語叔後又有虢叔見莊二十年及二十一年匽即簋詳商邶叔簋

䎩父簋

魯士䎩父
作飤簋
永寶用

右潘師器銘十字与張筱農器銘同笵異魯士又見商盧盤猶云叚士也聍从耳當是停之異文案聝取二字皆从耳尔疋疏伐執之曰取說文聝軍獲斬耳也聍亦此義白非阜也

旅虎簠

○○旅虎
鑄其寶舍
子子孫永寶用

右潘師嗇銘十三字子重文一首二字未詳旅虎作器者姓名風俗通姓氏篇旅氏周大夫子旅之後鑄詳太保鼎𨥣即鈷即簠詳商尊及商邛林簠

季𩫏父簠

季𩫏父作
宗媍賸匠
其萬秊子〻
孫〻永寶用

右潘師嗇銘十六字子孫重文二𩫏或釋良或釋高案說文𩫏度也民所

度居也从回象城𩫏之重兩亭相對也或但从口此即城郭字隸許後說[illegible]奪𩫏篆古刻簞作𩫖者見于伯𢾩敦說文籒文城从𩫏而失人盬封于敉[illegible]𩫖遭生敦城虢从𩫖毛伯彝叜虢城从𩫖皆許所謂籒文从𩫏而其後說所謂从口者也若叏季𩫖文壺明是良字篆法又不同矣膹詳陳侯鼎

商𠀠叔簠

商爪叔作其

旅𠤳其萬年

子孫=永寶用

右潘師器銘十五字子孫重文二左襄九年閼伯居商丘風俗通姓氏篇商丘氏衛大夫食邑于商丘因以爲氏列子商丘開入火不燒此銘商丘之氏也㔶从籀文匚从故即匿佗器有从匚从鈷者但其文簠作祜弫仲簠作𠤳从匚从矩古刻簠字皆以聲同者爲之如鋪匿笑胡瑚𨫼𥂁祜鈷㑹匿㔶匿𠥲是已博古圖劉公鋪即簠蓋之簠

陳曼簠

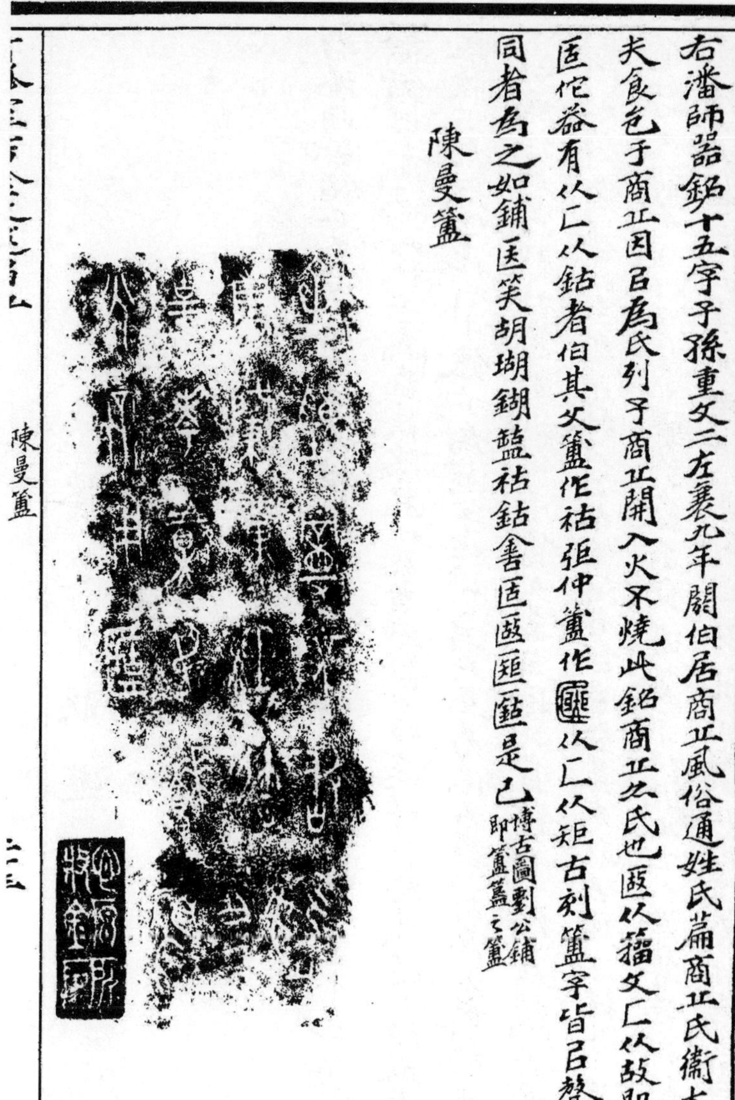

𢇛陳曼不敢遊
康肇䕺勤經德作
皇考獻叔饙般
永保用⿷匚古

右陳師器銘二十二字即西清古鑑餗簠也𢇛說文作[illegible]云禾吐采上平也象形
徐鍇曰二地也此从土義益顯陳曼作器者名[illegible]即遊詳叔癸鼎[illegible]即般古
鑑敢下為般字作[illegible]饙下為遊字作[illegible]与此互易依古鑑上句為不敢般康
下句為作皇考獻叔饙遊永保用簠文義自愜此當鑄工之誤若非兩器互
斠則釋者誤認矣許印林云器本簠也而銘云盤蓋未取古鑑津逮耳此
簠字亦當在遊下蓋云作皇考獻叔饙遊簠永保用也古人鑄奪字往往隨
意補之如雀鬲云鑄其寶其萬年子子孫孫其永寶用鼎其寶下奪鼎字

補於末盂爵彝字補於下方隙地叔伯隻卣器文彝字居首行末与蓋文異皆此例也堇勤省獻从[illegible]即鼎説文鼎下云𣎵象析木形即此从木之義此文从人則合火字會意也古刻獻爲鬳多从鼎如疐甗作[illegible]穀文甗作[illegible]陳公子甗作[illegible]又召伯虎敢云今余既一名典[illegible]从貞説文所謂古文㠯貞爲鼎也獻从鼎与鬲同意獻林爲謚号逸書謚法解聰明叡哲曰獻是也餴説文作餴云脩飯也从食奔聲饙餴或从賁餴餴或从奔古刻从[illegible]从[illegible]邵王鼎作[illegible]無㠱鼎作[illegible]从賁㠯此知古文奔賁同字凡奔軼奔犇即賁即奔不得釋爲華矣匡詳商丘叔簠

鄀公諴簠

鄀公諴作旅簠用追孝于皇助祖皇考用錫眉壽萬年子=孫=永寶用

右陳壽卿器銘廿五字子孫重文二鄀國名詳叔矦鼎諴从言又从系合緘字為

之匜詳商丘叔簋祖㠯助為之詳友敔錫作賜說文賜目疾視也从目易聲施隻切此銘用為賜錫賜音義相通古刻㠯易為之讀錫之可讀賜虢季子白盤王睗乘馬曾伯霥簋天睗之福兹賜字曾伯霥簋金道錫行又从金合錫字為之与本銘諴从糸一例禹貢九江納錫大龜錫土姓史記夏本紀兹作賜易王三錫命釋文鄭本作賜書序平王錫晉侯命釋文馬本作賜此錫賜通用之證毛公鼎夙夜敬念王畏不睗則讀為易也

鄦子妝簠

惟正月初吉丁亥

鄦子妝𢍜其吉

金用鑄其簠用

賸（媵）孟姜秦嬴其

子〻孫〻羕保用之

右陳壽卿器銘三十一字子孫重文二正作𤴓說文古文正字如此鄦說文云炎帝太岳之後甫侯所封在潁川从邑無聲讀若許此即許國本字後人専用許𢍜說文云引給也古刻用為擇是擇之古文也鑄詳太保鼎𥱯詳商𢀛袮簠賸即媵詳陳侯鼎秦从秝古文秦字見說文羕通永說文永部羕水長也从永羊聲詩曰江之羕矣今毛詩作永古刻永保羕保互用婁見之

曾伯霥簠

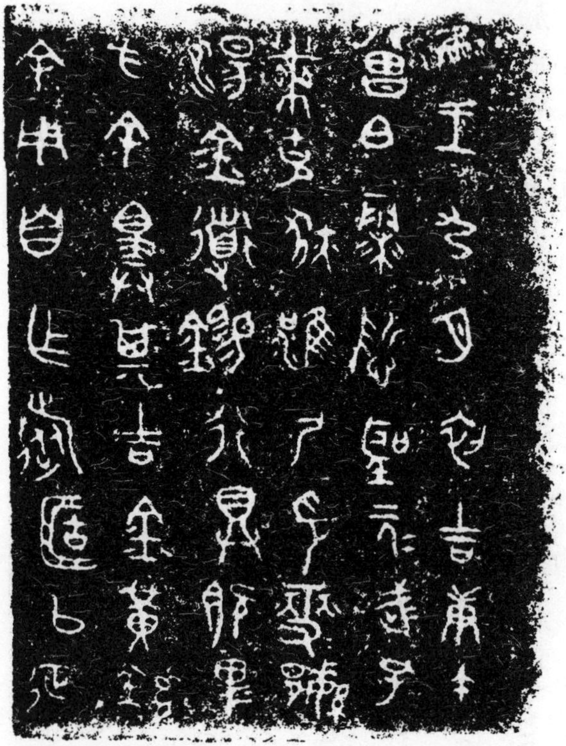

惟王九月初吉庚午
曾伯霥哲聖元=武=孔
業克狄淮尸(𡰥)印燮緐
湯金道錫行具既畀(俾)
方余鬻其吉金黃鏞
余用自作旅簠㠯征
㠯行用盛稻粱用養
用亯于我皇文考天
賜之福曾霥叚不黃
耇萬年眉壽無疆子=
孫=永寶用之亯

右陳壽卿器銘八十六字元武重文二子孫重文二与積古齋異範攈古録載二器此其後器也其前器皇下多且字曾霝黍二字之中多白字阮吴釋文頗譌今訂正曾即鄫世本氏姓篇曾氏夏少康封其少子曲烈于鄫襄公六年莒滅之鄫太子仕魯去邑爲曾氏文云鄫姒姓子爵此偁伯者僭也霝黍曾伯名阮從吴侃叔據石鼓文釋霝黍心源案石鼓文有⿰韋飛⿱雨⿰黍彡字其字霝黍旁加彡明是黎字此不从彡則非黎也説文黍作𥝢从禾雨省聲孔子曰黍可爲酒禾入水也據許書雨古文作𠕲此當云雨聲𠕲古文雨不當云雨省聲必傳寫者不知𠕲爲古文雨妄加省字耳禾入水爲會意字則篆作𥝢今人多从後解故从雨之説晦此霝黍蓋合雨水爲之仍是黍字古文偏旁緐重者如鄦公識之識从言从織士吉彝之姒从司从始師⿱睪廾鼎之⿱睪廾从⿱睪廾从射本銘之錫从賜从金皆此例也石鼓文霝黍仍是从勿从黍之黎与此不相混阮未細審耳悊聖元元武武孔業徐籀莊謂當与石鼓文

君子員〻遺〻員游同一讀𢇛是此銘爲𢡟聖元武元武孔業也釋名釋言語業捷也事捷乃有功業也狄阮釋敔非說文狄从犬亦省聲此从亦不省詩泮水狄彼東南箋狄當作剔剔治也東南斥淮夷即此所謂克狄淮尸也釋文狄王他歷反遠也孫繇同鄭作剔桼王孫音訓狄即逖說文逖遠也古文作逷即剔諸說皆通抑用遏蠻方箋亦云當作剔淮从水从隹古文隹唯通也尸即尸詳古文審師褱敢尸伯卣印徐籀莊讀抑說文抑按也从反印古文無正反讀抑是也抑者按循燮者調和𩃬舊釋綏邑二字非𩃬此从𠂤从系是妥乃委𦵯二字𦵯象禾形委从之又象屮形𦵯即毎从之古文毋女通用詳冊毋鼎器刻中綏字𩃬字同形當隨文義讀之如林向父敢降余多福𩃬是𩃬字說文作𧀄者也天錫𥁰用𢑴于神祇是綏字用綏爲說文作綏者是也綏說文作綏此銘文義乃𨞌湯二地故𩃬加邑晉姜鼎征𩃬湯員冥乃𩃬陽湯陰鄎郳四邑而𡌬

𩫖釋綏其誤當訂正也古文於地名多加邑旁如鄁宗婦盤郘郘鐘鄦僕兒鐘鄹大梁鼎[長阝]長子幣[墨阝]即墨刀等篆竝可取證左襄四年傳繁陽注在汝南鮦陽縣南漢書地理志魏郡繁陽應劭曰在繁水之陽又河内郡蕩陰師古曰蕩音湯路史國名紀今之湯陰漢蕩陰也銘蓋云曾伯克淮尸按循和燮繁湯二地棄淮尸内侵見于經傳者在徐楊荆兖之閒後漢書東夷傳徐夷率九夷以伐宗周西至河上徐夷即淮夷據此則繁湯所必據也金道猶言西方文選西都賦横西洫而絶金墉注西方稱之曰金是也此銘蓋指鄀之西錫从昜之可讀賜詳鄀公諴簠錫行即示我周行之義言化及西方也具者皆也畀俾省方字及書近人疑非方字既阮吳二書正作才可無疑也此言繁湯二地及金道皆使之有方樂記樂行而民鄉方注方猶道也是其義弟五行末一字稍蝕據阮書作鐈吳書作鐈竝釋為錯案鄀公敄鐘元鏐赤鐈居彝君舍余三鐈

皆此字不能定其偏旁也如弡中簠𦎫之金鏷鉛鏷𨧥郘鐘元鏐鏞鋁剮
明〻从膚當釋鑢即鑪也說文臚籀文作膚知盧膚同字此黃鑢當是
金名或竟是鑪說文鑪方鑪也吕鑪鑄簠者所謂𦎫吉金也邾公牼鐘之鏐
鑢郘鐘之鑢鋁居彝之鑢斧林弓鑄之鈇鎵鎬鋁皆謂取佗品吕鑄此一
器左傳魯取鄆鐘吕為盤季武子吕齊兵作林鐘竝可證遊詳叒癸鼎
匜詳商𤙯䀇簠養或釋孝我从彡古文我字見說文𠬝不阮書作𠬝䜌讀
假樂銘吕湯行方梁彊畐為韻中又吕鑢匜為韻孝𦒱為韻

遣叔吉父簋

遣叔吉父作

○王姞旅簋

子=孫永寶用

右簋本銘十五字子重文一王上一字筠清館釋虢攈古錄釋姬皆未确簋字省皿遂成小篆須字

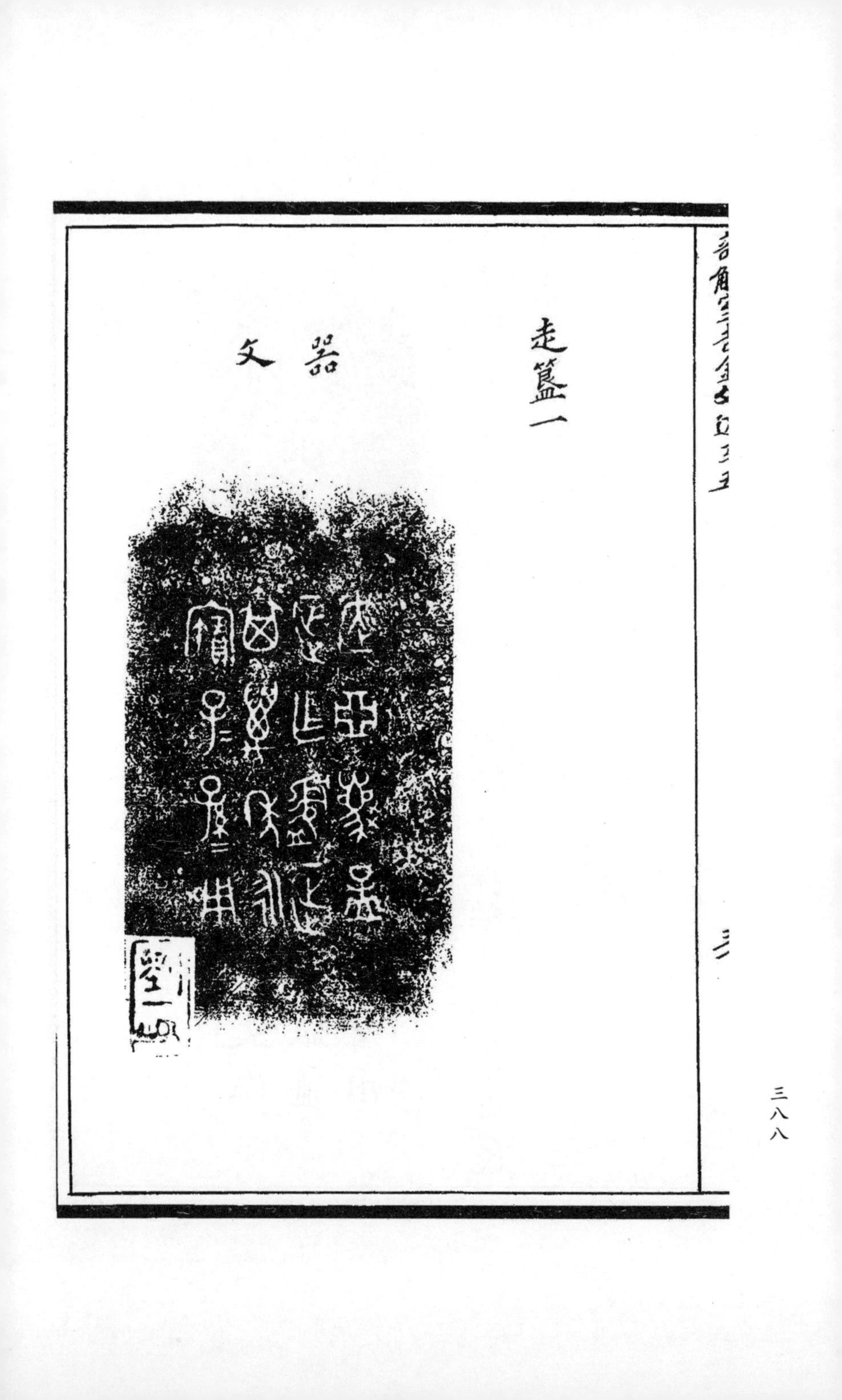

走簋一

器文

走亞薦/孟
征作簋征
其萬年永
寶子子孫孫用

蓋文
釋同上

走簋二

器文　釋同前

蓋文　釋同前

右二器丁仲康贈夲河南新出土者器蓋皆全銘各十六字子孫重文二考古圖有走鐘走當人名然左襄三十年傳吏走問諸朝釋文走使之人也文選報任少卿書太史公牛馬走注走猶僕也小尓疋廣言走我也合證知此爲作器者自偁之詈薦字迻屮于右旁異體也征从辵从正説文㠯爲篆文征字

曼龏父簋

曼龏父作寶
簋用亯孝宗室
其萬年無彊
子子孫孫永寶用

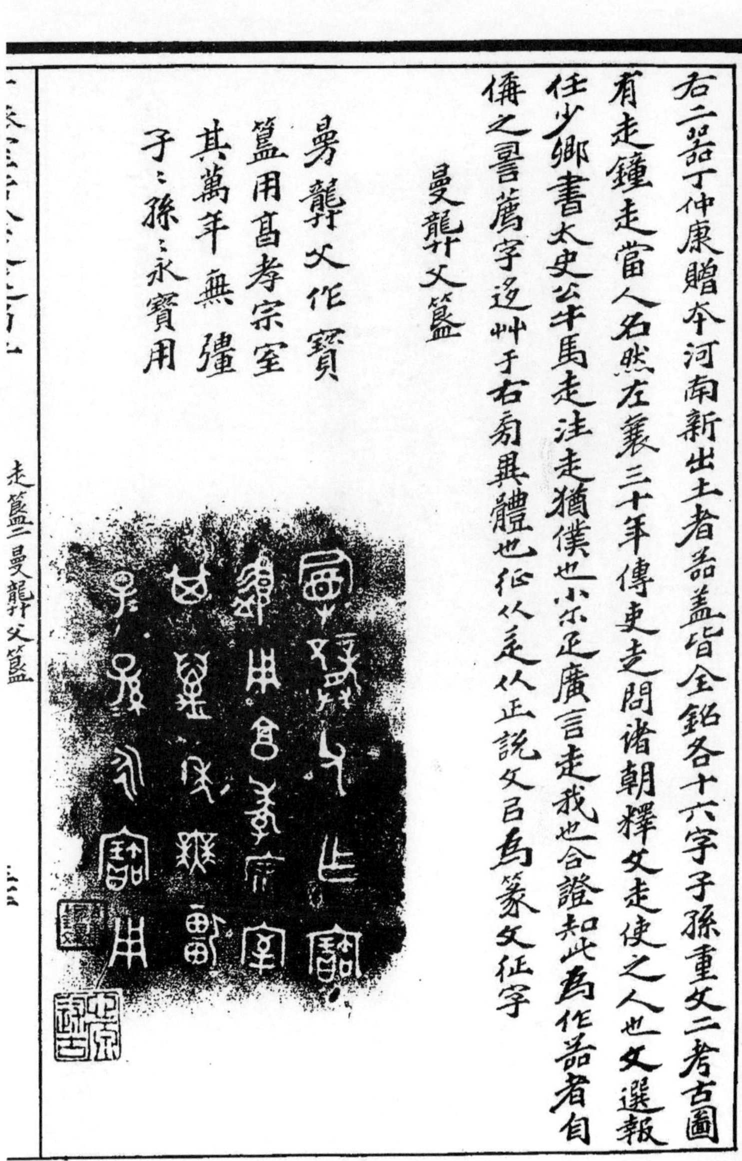

吾柯巽盦贈本銘二十一字子孫重文二曼姓也左隱五年傳有鄭公子曼伯潛夫論曼伯後有蔓氏歷代紀事年表曼姓出于商

䌹簋

器文

䌹作姜淠簋

用享孝于姑公

用蘄眉壽屯

魯子子孫永寶用

蓋文

釋同上

右陳壽卿畜銘二十一字子重文一器蓋同徲人名或釋辟非詳鄙比鼎姜姓湂名積古㙯釋湂為浬引辟書南宮中鼎里字為證不知彼云命肙臾女

裹土作乃采言命人名肙者畀女吕裹地為女采邑也薛承博古圖之譌阮不糾正而反引之過矣毛伯彝天俾丕畀純陟說文丌部畀相付與之約在閣上也从丌由聲丕鼎文彝文所用義知彼為畀則知此為淠說文作淠即此姑公讀故公寺季敢正作故公白虎通五行三綱六紀姑者故也廣疋釋親姑故也又案姑公名即古公尔疋釋親孫注姑之言古尊老之名也是也蘄詳尨姑彝屯魯詳無叀鼎寶从貝說文所謂籀文吕鼎為貝也

尹氏匡

尹氏貯良作
旅匡其萬年
子〻孫〻永寶用

右潘師器銘十五字子孫重文二案收藏家㠯此爲簠而銘云匡攈古録史宄簠引許印林說云銘作匡〻王行梁爲韻語簠匡不同部不得偕用豈㠯簠形侶匡叚㠯名之㠯諧韻耶　筠清館金石卷三有林家父簠銘文云林家父作中姬匡下

之用韻說文匚飲器或古人於簠外别自有匚其器方與簠似後人不能别異耳心源案說文匚飯器筥也汲古閣本如是集韻引作飲器飲飯飲字形雖有一譌然與簠確是兩物後人習見簠不知古器尚有匚藉非說文將何取證今别爲一類遂寶也貽良人名貽詳頌鼎

師麻斿叔匚

師麻斿叔作
旅匚其萬年
子子孫永寶用

右黄再同臧本銘十五字今從撫入師官麻氏斿尗字風俗通姓氏篇麻氏齊大夫麻嬰之後姓考楚大夫食采於麻即今麻城案呂氏春秋麻朝相馬亦麻氏也斿尗釋考案㫃与㫃不同恆軒金文立旗婦鼎有㫃㫃象旗形即㫃說文㫃旌旗之斿㫃蹇之皃古人名㫃者字子游攷左傳晉荀偃鄭公子偃駟偃論語言偃晉語注籍偃莊子顏成偃皆字游知㫃即偃今經籍有偃無㫃後人改也許時猶作㫃故呂㫃蹇及名字說之此斿从㫃即㫃說文游旌旗之流也从㫃汓聲𨑒古文游汓即泅从子益汓省仲斿鼎作𨑒石鼓文員邋員游作𨑒皆省水斿游遊本一字今分用矣

奇觚室吉金文述卷六

卣觶角觚觥壺罍盉釜錍盤盂文

嘉魚劉心源幼丹甫學

井卣

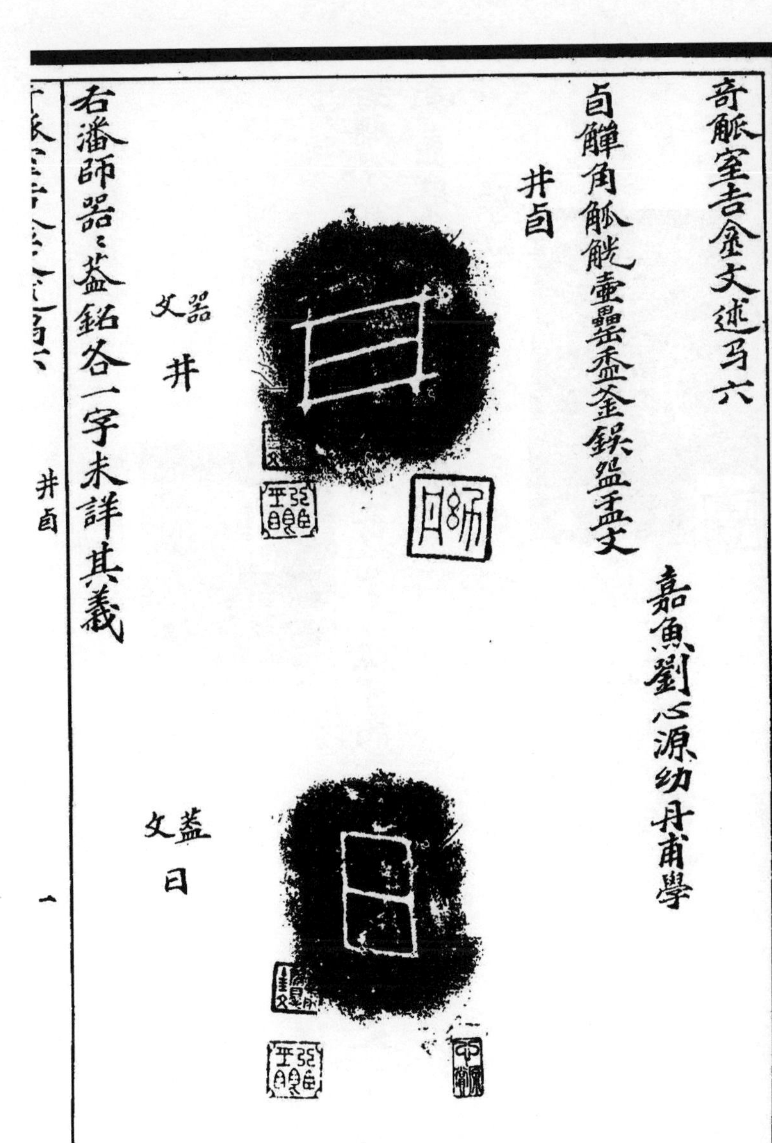

右潘師器蓋銘各一字未詳其義

子抱孫卣

子抱孫形

右臟本銘二字禮君子抱孫不抱子言孫可爲王父尸子不可爲王父尸也銘意蓋取此或釋孫子二字亦可

婦馭卣

婦
取

右潘師器銘二字馭婦名積古𢧢婦女鼎作𡠗婦女鬲作𡠗筠清館婦女鬲作𡠗阮吳竝釋彝案古刻馬作𢊁即此字之左旁加又則馭也

足迹卣

器

盖

右張筱農器從門人丁仲康臧本橅入詳父癸敢祖辛尊

抱孫卣　婦馭卣　足迹卣

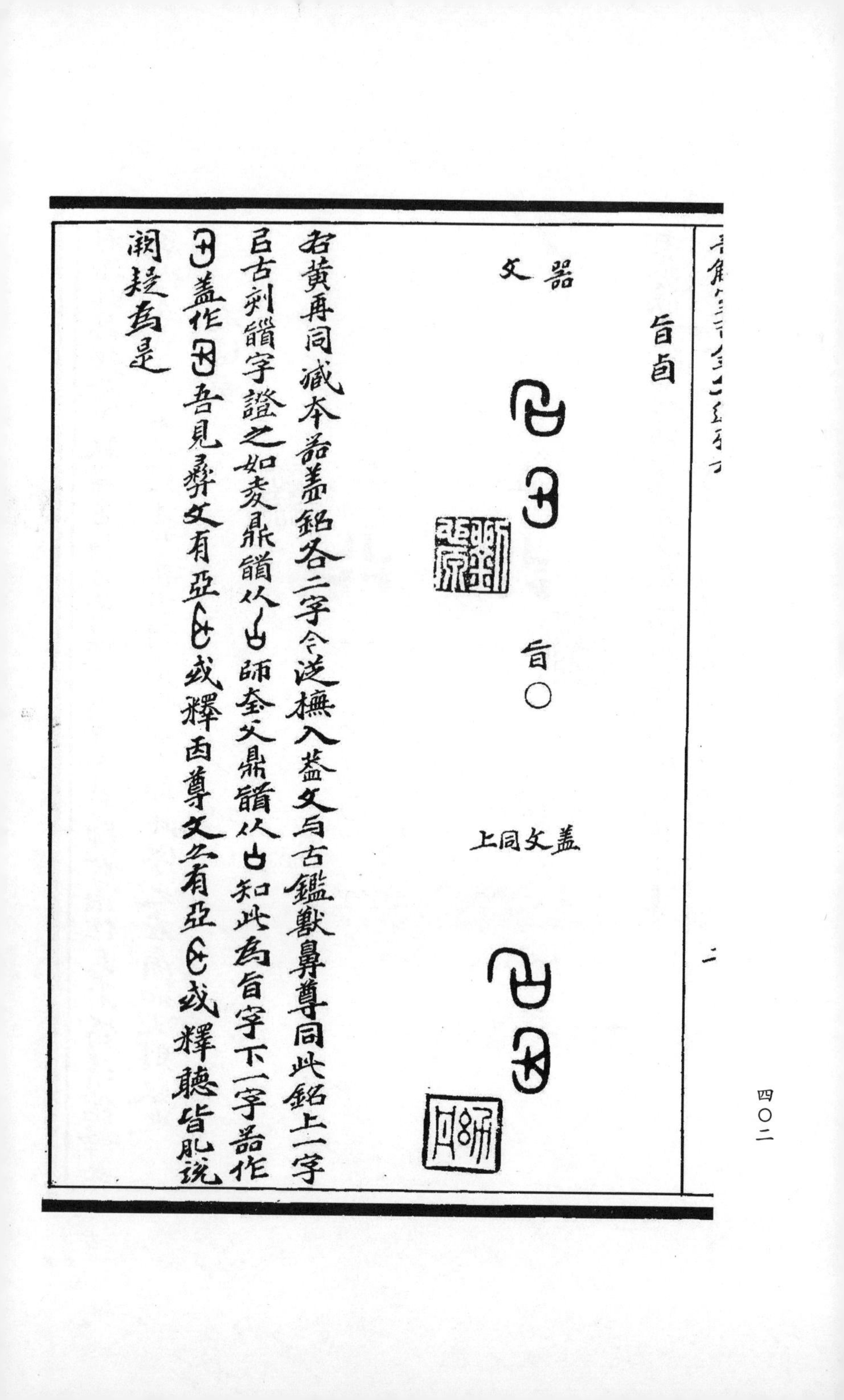

旨卣

器文

旨○

蓋文同上

右黄再同臧本器蓋銘各二字今從撫入盉文与古鑑獸鼻尊同此銘上一字吕古刻髓字證之如麦鼎髓从師奎父鼎髓从知此為旨字下一字器作蓋作吾見彝文有亞或釋酉尊文亦有亞或釋聽皆非說闕疑為是

父己卣一

罯形
父己

右丁仲康贈本銘二字上作罯形

父己卣二

丙
父己

右謝方山贈本銘三字

矦卣

○矦

卣蓋

右謝方山贈本銘二字上一字未詳或曰亞中為甘即基即丌亞象卣形甘所以承卣者此為卣之異文存參矦即矦古文矢字見說文矦下古器多有亞矦二字或云矦亞矦字或正或反或翻有羨文象矢脫手發出形古人銘功多作弓矢戈矛刀斧字亞者記次世令撫形同者於此以資參攷

亞矦觚 亞矦鼎 亞矦彝竝 亞矦盤 亞矦敢 亞矦尊竝 矦亞爵竝 又有匽矦盉矦大角矦㠱彝矦皆矦字

𠦝卣

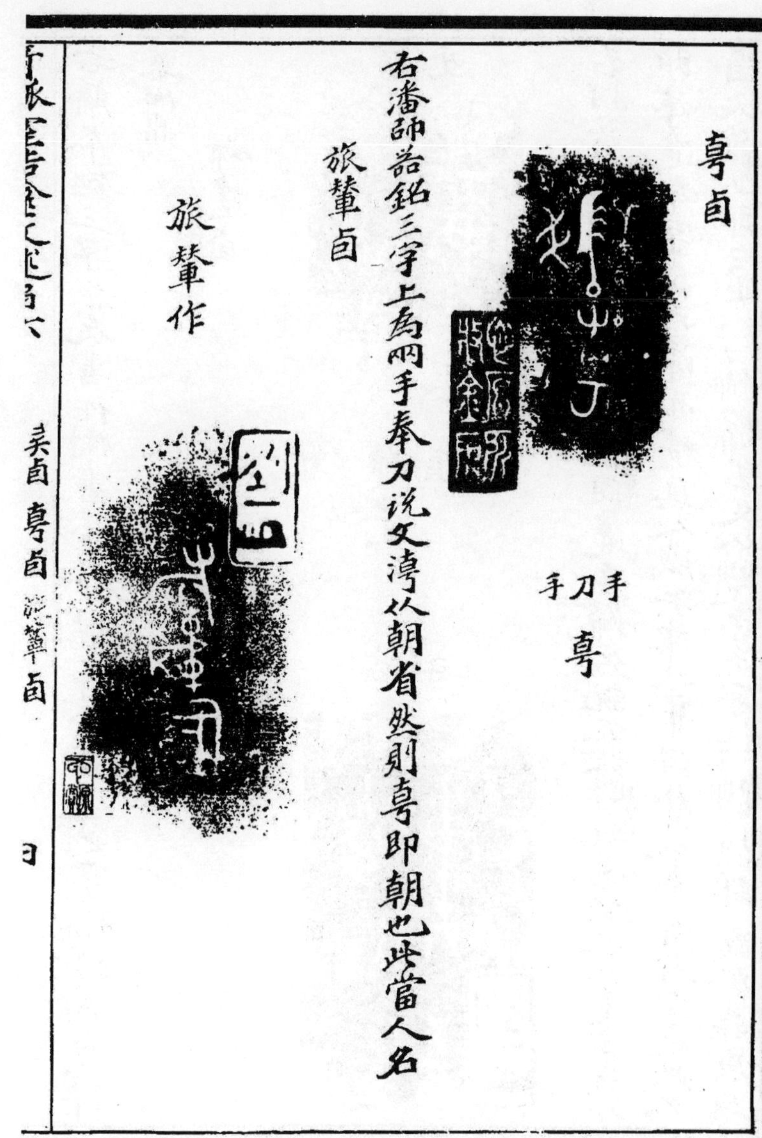

手刀手

𠦝

右潘師畬銘三字上為兩手奉刀說文𣴎从朝省然則𠦝即朝也此當人名

旅輦卣

旅

輦作

右觶本銘三字旅友書作倒書輦即璉即从玉从連之字俗釋車誤詳綦伯鼎

婦建卣

器文

婦建庚

蓋文同上

右柯貽盦贈本銘三字器蓋同建遣為婦名說文⿺辶聿自進極也从辵聿聲即律進本字今用津而建遣無人識矣津从聿㝵聲从聿者省字也此之省文从[illegible]即[illegible]（[illegible]即[illegible]即也）器文从[illegible]之辵字（[illegible]即[illegible]即也）詳叔癸鼎庚与

寀椃角同字从网豕説文所謂秋時萬物庚〻有實也下从丙戉釋庚丙二字

寶卣

器作寶

文尊彝

葢文同上

右潘師蕃銘四字蓋文同

父康卣

家

戈

父康

右牖本銘四字上一字宀下从豕近人釋家是也

父癸卣

子孫父癸

右陳壽卿器銘四字

父戊卣

父戊
析木形子孫

右脯本銘五字

父丁卣一

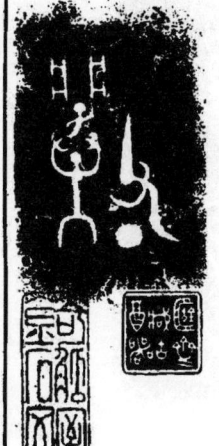

舟○父丁

右陳壽卿器銘四字祖己爵有[illegible]字即邑省疑子名邑字

父丁卣二

器

文

析木形子孫父丁

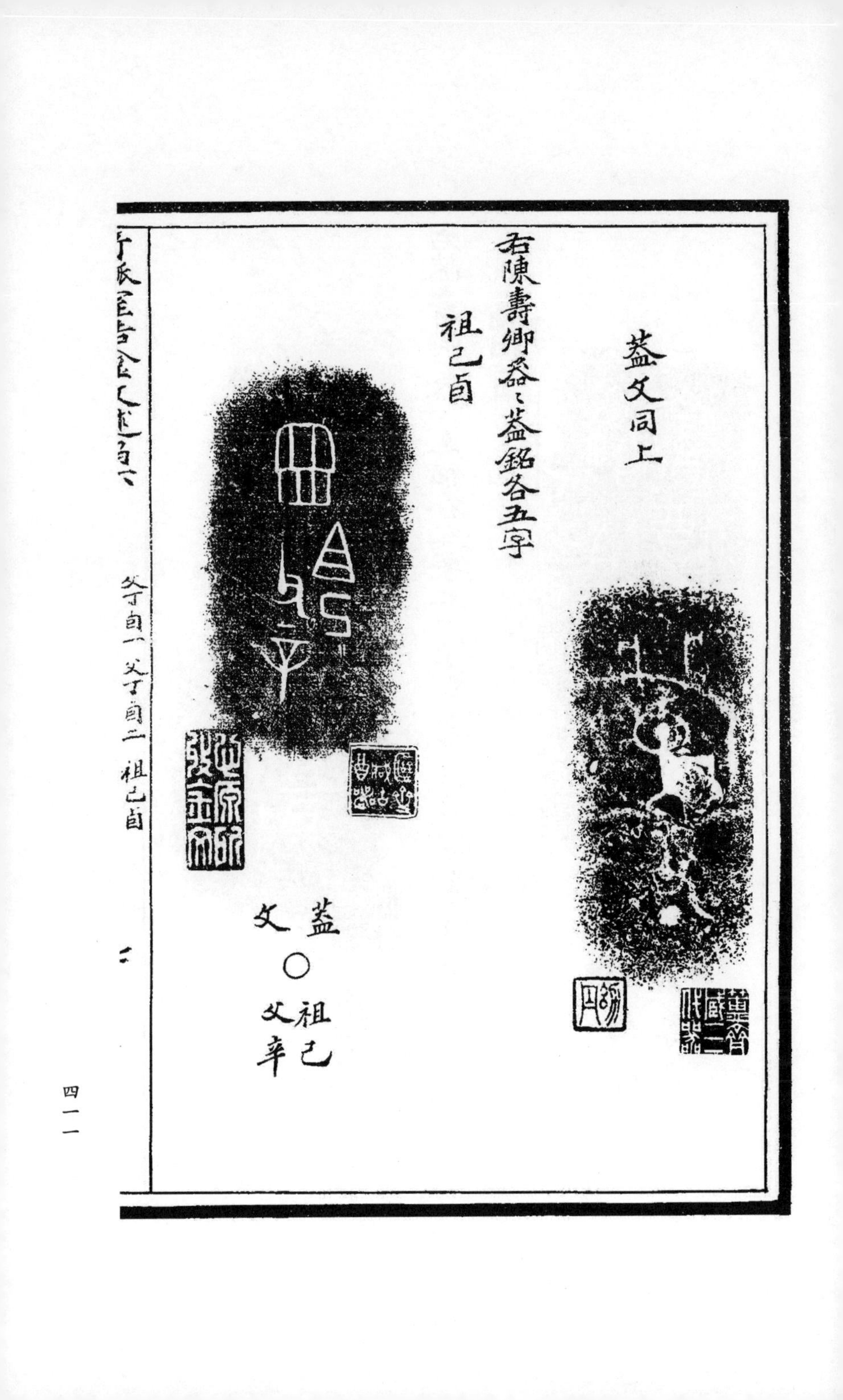

蓋文同上

右陳壽卿器、蓋銘各五字

祖己卣

蓋文

○

祖己父辛

器文同上

右陳壽卿器〻蓋銘各五字上一字象器蓋形當是卣字

綸伯卣

器文 綸伯作寶尊彝

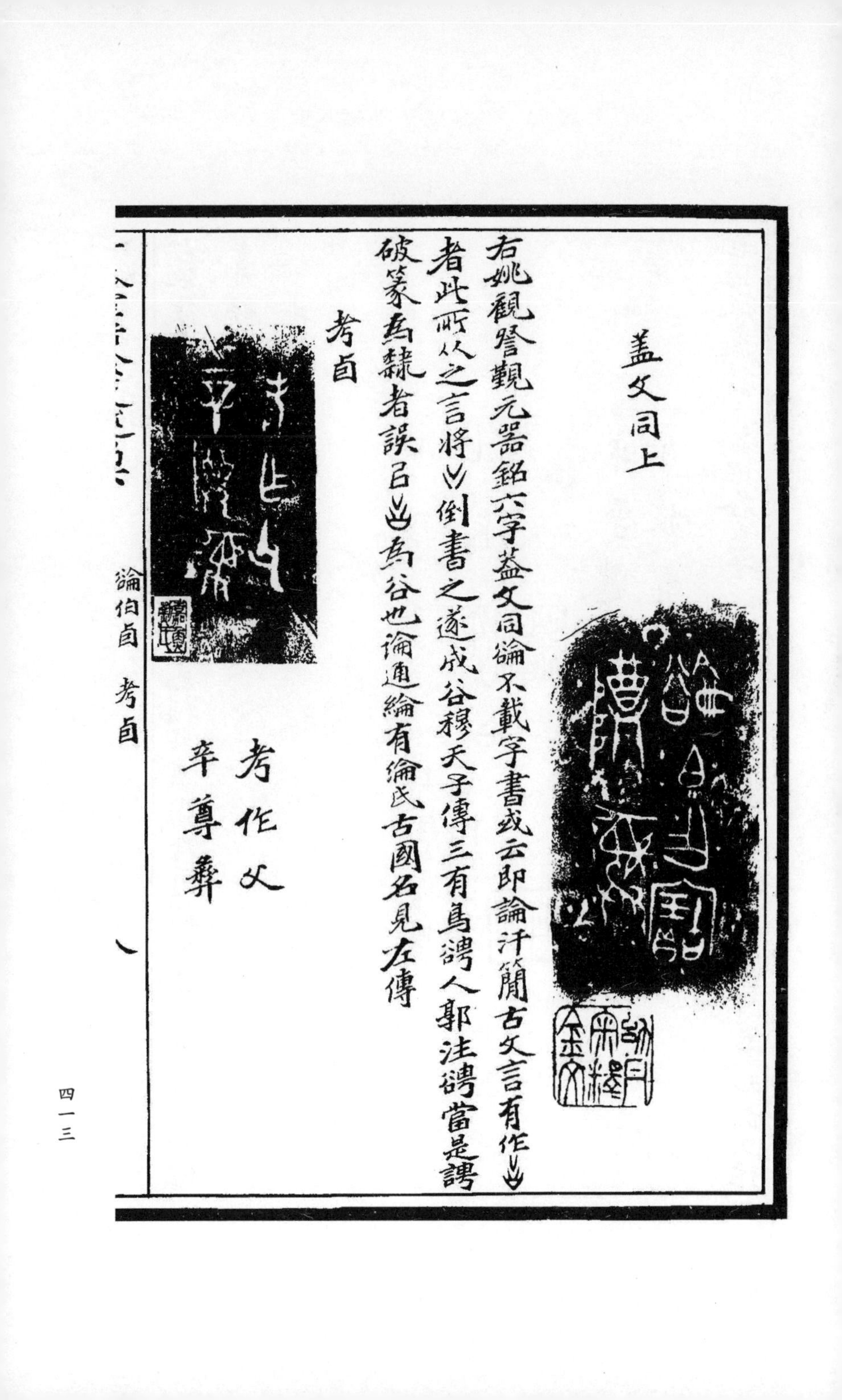

盉文同上

右姚觀察覲元器銘六字盉文同龠不載字書或云即龠汗簡古文言有作□者此所从之言將□倒書之遂成谷穆天子傳三有鳥[谷甹]人郭注[谷甹]當是[言甹]破篆爲隸者誤已□爲谷也龠通籥有龠氏古國名見左傳

考卣

考作父辛尊彝

龠伯卣　考卣

右張筱農器此爲蓋文銘六字吾見柯巽盦藏此卣拓本其器文首一字作井較爲易識

井季㚖卣

器文　井季㚖作旅彝

蓋文　井季㚖作旅彝

井季㚖作旅彝

蓋文同上

右張筱農器器蓋銘各六字從黃再同藏本橅入井姓季㚖字㚖石鼓文作

[illegible]与此同說文作[illegible]傳寫譌耳積古齋有彝[illegible]名此字釋燕釋克皆非

父乙卣

器文

析木形子孫作父乙彝

蓋文

同上

右陳壽卿器銘七字蓋文同

伯罰卣

旅伯罰作寶

尊彝魚

右張筱農器銘八字從丁仲康藏本橅入旅即揄姓也詳旅虎簠魚地名見左傳

賁卣

賁作父辛

寶尊彝

右柯兕盦贈本銘七字賁作器者名或釋聿貝非說文作賚此省俗作贐

伯隻卣

器文 矢伯隻作父癸彝

蓋文 同上

右陳壽卿器銘七字蓋文同器文彝字在隻下爲異攈古錄引許印林説云非有蓋銘作證必隻彝連讀矣矢記武功也伯隻作器者字説文隻鳥一枚也从又持隹說文又手也持一隹曰隻二隹曰雙此作鳥形从又持之即隻字也積古齋有彝文如此阮釋爵云从雀形从又

向卣

卣

彝析木形子孫

向作厥尊

右潘師器銘八字厥或釋乃或釋匕爲妣省茲非詳𠠱文鼎此銘左行讀

祖癸卣

○作祖癸寶

尊彝○

右陳壽卿器銘八字首一字未詳乃作器者名也桼孟鼎有燕燕祀之燕作

[illegible]与此肖末一字亦未詳

伯㝈卣

器文

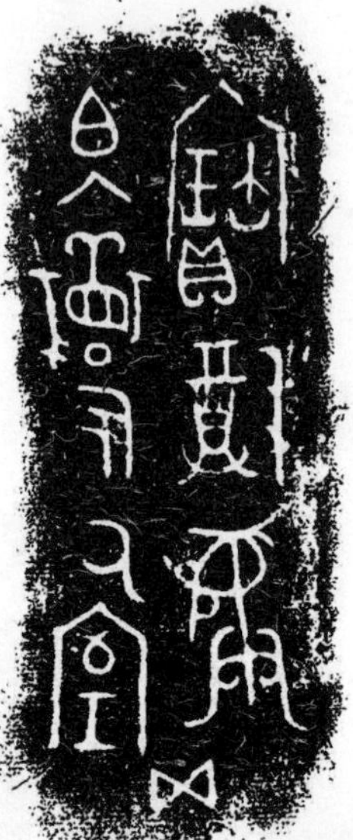

寶尊彝

伯㝈作厥室

蓋文

同上

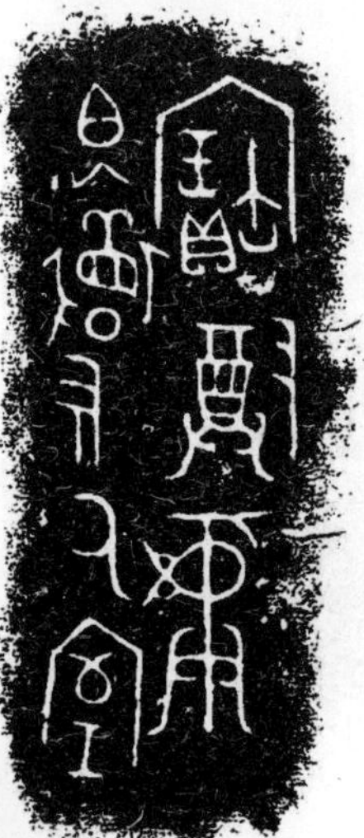

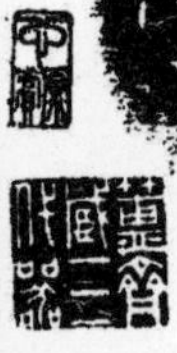

右陳壽卿器銘九字蓋文少一五字作字倒書氒戓釋乃非戓己爲妣省然妣不得稱室自与匕辛彝異氒室者其室也氒即厥詳勳父鼎伯睘爲其妻作此器也萬諆尊用寡室人員人即此義

豚卣

豚作父庚宗

彝其子孫永寶

右陳壽卿器銘十一字子孫重文二豚作器者名

盦仲𢓊卣

盦仲𢓊作乎
文考寶尊
彝日辛

右陳壽卿器銘十二字盦攈古錄篆作[illegible]徐籀莊釋為瑟今此拓明〻皿上从無知彼改篆就己也古文叔雖二字亦从皿皆字書所無疑是鄦姓也𢓊近人釋狂然〻从犬為犬非犬字从朱為朱非生字禾當走省集韻𢓊重株切

莊子庚桑楚有南榮趎庚桑楚弟子也此仲趎亦人名氏詳勸父鼎

小臣兒卣

女子小臣兒

作己尊彝

析木形子孫

右張筱農器銘十二字從丁仲康臧本摹入小臣官名周禮夏官小臣掌王之小命詔相王之小法儀掌三公及孤卿之復逆正王之燕服位王之燕出入則前驅是也兒人名女當汝省尊不从阜小篆所祖

𦎫卣

𦎫不叔（淑）策乃邦
烏虖誶（瘁）帝家㠯（已）
寡子作永寶子

右柯巽盦贈本銘十八字已入古文審

叉卣

惟二月初吉丁

邢公姞令叉嗣

田乎叉蔑曆錫

馬錫裘對揚公

姞休用作寶彝

右潘師器銘三十字積古㘸邑卣也叉古文爪字見説文蚤下阮釋邑引汗簡叉字非也裘阮書作𧜋釋云象毛在衣外之形乎舊釋乃非詳[illegible]文鼎蔑曆詳彔敦

貉子卣

唯正月丁丑王格于
呂○王牢于○
咸宜王令士道
歸貉子鹿三貉
子對揚王休
用作寶尊彝

右丁伯康贈本銘三十六字已錄入古文審或云潘師藏器𢉩向釋㕑未碻今闕疑案从厂从侌於居字為近此地名也

農卣

惟正月甲午王在繜居王○令伯㑥曰毋毋畀俾農弋吏使乓友妻農廼𩱾乓孥乓小子小大吏使毋毋又田農三拜䭫首敢對揚王休從

右潘師器銘四十八字已錄入古文審今復訂之㒸當闢𩒨佸从人从知字彙音池行也畀向釋婢案古文𩓤妻字从此是妻字也从毋与从女同意古文毋女通詳甯母鼎此讀

去贅言使厥友吕女妻時人名農者也亹妻詳𠭴鼎銘意言王命伯御毋俾農弋佃使厥友吕女妻農迺𤔲養厥孥厥小子及其家屬之小大使毋再事遊田也

效卣

器文

盍文

惟四月初吉甲午王雚（觀）于

嘗公東宮內（納）鄉（饗）于王王錫

公貝五十朋公錫氒涉子效

王休貝廿朋敓對公休用

作寶尊彝烏虖敓不

敢不萬手夙夜奔走

揚公休亦其子〻孫永寶

右陳壽卿彜銘六十五字蓋文同王重文一蓋文不重子重文一雚觀省嘗地名公東宮倒文謂東宮公也內納省卿讀饗詳𢓊人鼎斥詳勳父鼎涉子未詳或曰涉爲世之篆文古刻世作㞢形同止詳師遣敦此从彖㞢从水盖爰體而不覺混於佗字者存參

癸觶

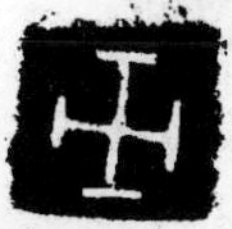

癸

右陳壽卿器銘一字

子觶

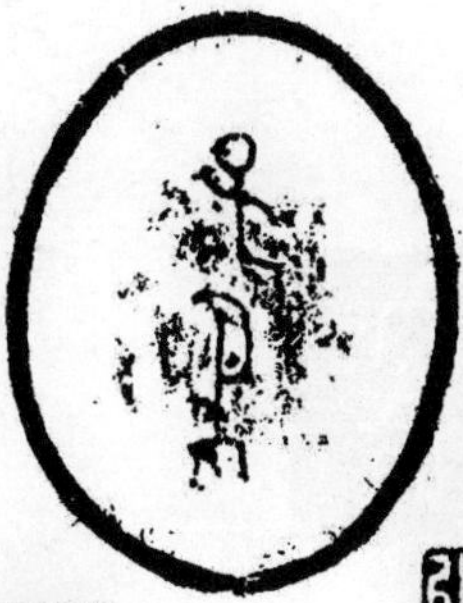

子○

癸觶 子觶

右陳壽卿器銘二字下一字未詳

祖丙觶

亼祖丙

右陳壽卿器銘三字首一字爲亼音集俗沿宋人釋舉謬甚

祖戊觶

彖祖戊

右陳壽卿器銘三字雙鉤鑄之者冡或釋皀詳父丁卣一

父乙觶一

亞中子

父乙

右陳壽卿器銘三字亞中子字或釋大

父乙觶二

析木形

子孫

父乙

右陳壽卿器銘五字與積古齋析木父己觶同乙字空白書之詳太保敢阮釋己誤

父己觶一

丙父己

右購本銘三字

父己觶二

舟父己

右陳壽卿器銘三字舟或釋舉非詳舟尊

父己觶三

子○父己

右陳壽卿器銘四字𠂤未詳疑[illegible]之省變者則孫字也

父庚觶

子父庚

右陳壽卿器銘三字

父癸觶

子父癸

右陳壽卿器銘三字

責觶

責父辛

右陳壽卿器銘三字責作器者名詳責卣

祖己觶

○○

祖己

右陳壽卿器銘四字上二字不可識

告田觶

父丁

告田

右陳壽卿器銘四字告田詳告田䜴

鬳觶

鬳作父丁

右陳壽卿器銘五字鬳不載字書惟周礼天官有𩏩人掌𠮛時𩏩爲梁玉篇云同𣪊五經文字云同漁𩏩爲漁之古文則鬳即魚矣兮田盤亦有鬳字作字倒書从从川郎說文𪗱字

⿸广系觶

⿸广系子
作父丁

右陳壽卿器銘五字⿸广系人名說文⿸广系⿸户夊也讀若陌或云此爲絹

才觶

才
作父
乙
尊
彝

右陳壽卿器銘六字

木工解

木工冊作毋甲

尊彝

右陳壽卿器銘八字

陸角

父乙
陸 冊

右陳壽卿器銘四字陸人名从重共說文陸籀文作𨺦从三共益緐

父角

○○父乙爻

右陳壽卿器銘五字首二字未詳□疑是□即尤戠是□即寸抑爻象六爻相交形

宰椃角

庚申王在東閒王各格宰椃从錫貝五朋用作父丁尊彝在六月惟王廿祀角又五

庚
冊

君陳壽卿器口內銘三十一字蓋內銘二字積古齋庚午文辛角也又見攈古錄東閒猶東房虓人名集韻乎刀切音豪說文作虢類編虢或省作虓凡釋虢釋虓釋敔釋虞虞皆非十六月許印林云在六月古刻吕才為在才篆作十与十字相佀引書在十有二月為證心源案戊辰彝云十一月惟王廿祀文法與此正同許說誠為有據然敔尊云惟十又三月則十字不能讀在矣說詳古文審唐典彝又五者記數也虞詳婦建卣

旅觚

旅

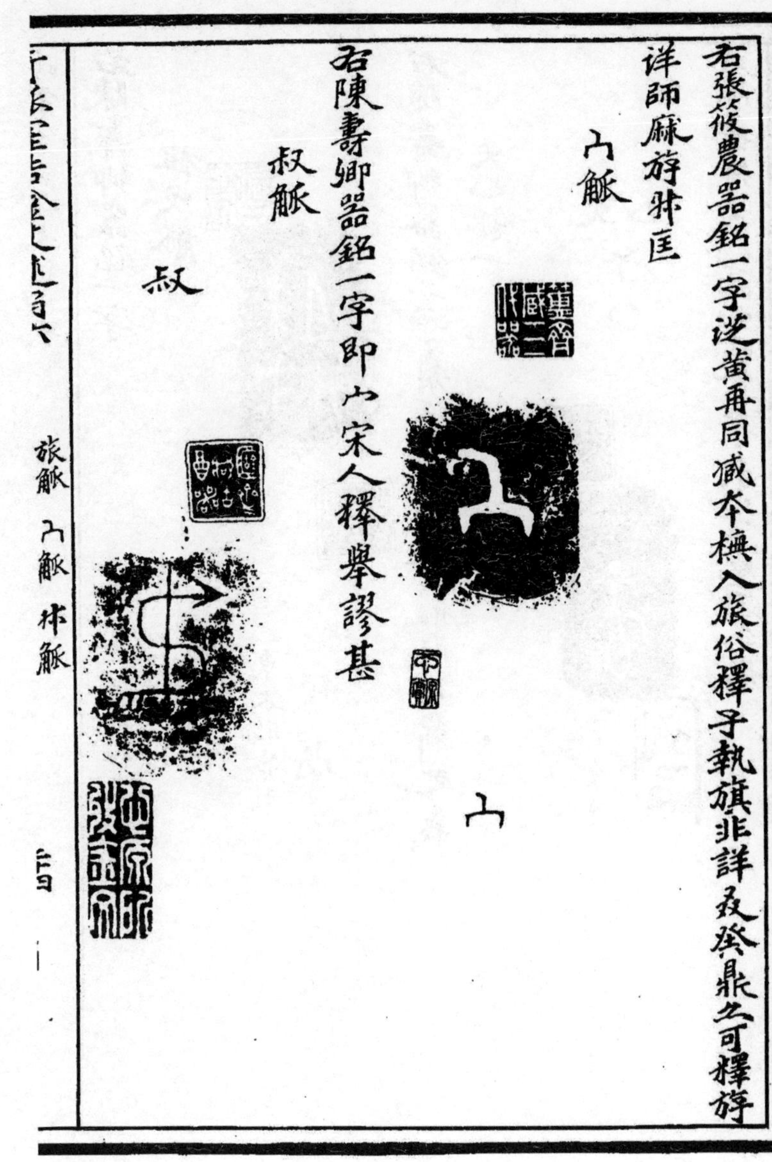

右張筱農器銘一字從黃再同藏本橅入旅俗釋子執旗非詳及癸鼎之可釋斿詳師麻斿卅匜

亼觚

亼

右陳壽卿器銘一字即亼宋人釋舉謬甚

叔觚

叔

右陳壽卿器銘一字

祖戊觚

祖戊 柬木形斧形

右陳壽卿器銘二字𠬝作柬木形斧形取析薪之義

父乙觚一

父乙子○

右陳壽卿器銘四字末一字未詳或曰豕形

父乙觶二

作父乙寶尊彝

右潘師器銘六字

父丁觶一

亞中手操皿形父丁

右陳壽卿器銘二字上作手採皿形

父丁觚二

天子聽作

父丁彝

右陳壽卿器銘七字聽詳太保敦

閔觚

閔

寳作祖癸彝

右吳氏器銘七字從黃彝同藏本撫入𨷺即鬥（今作鬥）𢦏即戈說文鬩試力士錘也从鬥从戈或云从戰省讀若縣胡畎切案今武場呂刀后試士即其遺制此銘當是記武功或是人名末一字未詳或曰古文瓜字用為觚說文瓜作㼌即此

門彝觚

婦門彝作
文嫿日癸
尊彝（析木形）子孫

盉文

釋同前

右陳壽卿器銘十二字盖文同據古錄引許印林說門氏豩名（積古五有門敄卣）門氏於史始見魏節義傳字彙補有𧲝字与豩同豩說文二豕也豳从此燹豩聲闋燹聲心源案節義傳門文愛猶在淺莊子有門無鬼姓觽引編古命氏云周礼公卿之子入王端門之左教吕六藝謂之門子淺曰氏是也豩既同豩即𧲝詳王田尊燹从豩聲吕燹聲淂聲也古刻肆字作𧲝（靜敦）𧲝（𧲝王盉）从燹即燹曰知豩即𧲝豕即𧲝淺人分用非也徐籀莊吕門豩為闋引篇海類編闋字亦可存參嬉戲釋姑然从申口

淺非古敔宗周鐘割字从[害]無叀鼎割字从[害]召伯父辛敦介萬年之介呂害爲之作[害]知此从害也集韻妎或作嫸說文妎妒也此銘或是妦或是女字古人無避忌如痤醜亦可命名何疑於嫸且楚語弭其百苛妎其讒慝注妎覆也其取義亦不惡矣或釋嫺亦可

仲多壺

觴仲多
作醴壺

右柯巽盦賸本銘六字觴或釋韓非說文觴籒文作[illegible]从爵省此从爵不省耳觴者飲人以酒也左襄二十三年傳觴曲沃人秦策秦王觴將軍即此銘所用義中仲通仲多人名不可讀仲侈

孟上父壺

孟上父作尊

壺其永寶用

右潘師器銘十字二古文上字見說文丄部帝下段本改丄為二

仲伯壺

中伯作亲
姬縊(欒)人朕
壺其萬年
子=孫=永寶
用

右陳壽卿器銘十七字亲說文云果實如小栗从木辛聲春秋傳曰女摯不

過亲栗桼榛栗字本作亲後人改用榛而經書乃無亲字許所見本尚未改也今左莊二十四年傳作榛正義先儒㠯為栗取其戰栗也棗取其早起也脩取其自脩也唯榛無說蓋㠯榛聲近虔取其虔於事也曲礼婦人之摯棋榛脯脩棗栗釋文榛古本又作亲䟽榛訓至又云榛是虔義之名孔氏蓋始終不知亲字故據榛為訓實肊說也說文榛木名一曰菆也菆為蕞譌眾經音義十引說文一曰蕞木也是也是榛為榛荆榛荒字亲為榛栗之本字婦摯取其自新耳此銘之讀新䜌欒省䜌人猶言欒氏萬諆尊用㠯廼尹人配用寘室人員人即其義朕即媵詳陳侯鼎

周𡪞壺

周𡪞作
公日乙尊
壺其用亯
于宗其子子
孫萬年
永寶用○

右張筱農器銘二十二字從丁仲康藏本橅入古鑑宜壺積古齋周壺官寶壺即此

周⿱尚多人名說文⿱尚多亭膚親从多从尚陟加切通訓吕爲今之奓字此銘蓋从尚省也

⿱尚多父盤作八⿱八五阮釋品⿱尚多父盉作⿱八亞吳閣學釋啇皆誤公曰二字或釋啇非

史記外戚世家注公祖也釋名釋親屬夫之兄曰公未知此銘何屬日己者古器記

日多綴十幹如匜簋曰甲曩婦觚曰乙雝彝曰丁咒尊曰戊虎敦曰庚褱彝曰

辛叔宿敦曰壬冢龍尊曰癸是也⿱冖⿲田田田或釋朞吕爲是囟其實篆形不合闕疑

爲是

父乙罍

作父乙寶中

尊罍 人形 方形 足迹 負形

右謝方山贈本銘七字通藉錄周制尊有上中下三品彝上尊卣中尊罍下尊此銘蓋云作中尊及罍也人形之迹形方圓形當是寓意[illegible]○文詳父癸敵

七釿罍

○○○

大由七　廿一

釿

右陳壽卿器銘九字首二字未詳或釋谷器非□□與師田父敦□□字肖疑商字第三字殘□即□籀文大字□即□省說文東楚名缶曰由令作□□爲記數七字案王莽布貨十品其中布六百之六作丅壯布七百之七作丌弟布八百之八作□次布九百之九作□如令之馬子（令六作丄七作丄二八作丄三吕一二三承一爲之惟九作乂爲異然仍是吕四承二一爲五者）溢五吕上皆爻五爲一而橫書之着數於下吕是之九爲一下四豎筆八七六吕次遞減一畫也釿或釋欽非二丁即斤省釿蓋古文斤兩字古貨幣有一釿二釿之文此銘蓋云七釿也此器當是由而收藏家吕爲罍姑仍之

䜌盉

亞中䜌
父辛

右陳壽卿器銘三字䜌字在亞中當是人名石鼓文六䜌字篆作□此較省耳文孜說文籀文子作□解云囟有髮□臂脛在几上□召伯虎敦甲子之子作□即□子孫父癸盤□乙卯尊□鄦鐘原之叐省者宗周鐘南國反□阮釋要未合□即籀文子又从𢆶為茲古文以𢆶為茲器刻裏見鐘文實孳字反孳人名余謂□亦可讀孳請質博疋

昨檢說文子部孳下籀文作□知阮釋果誤庚子九月初二記

亡未盉

器文

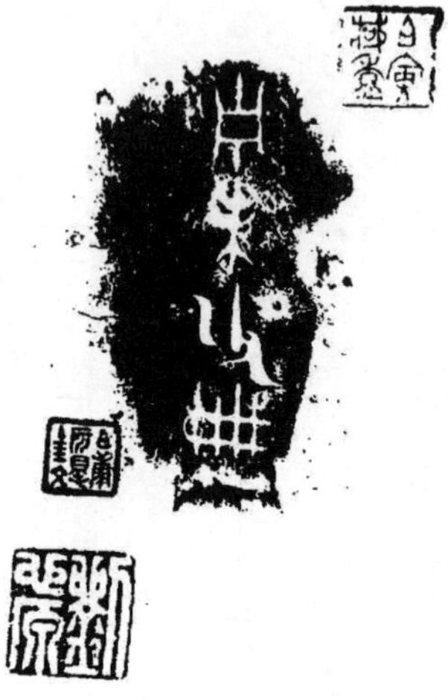

蓋文

釋同前

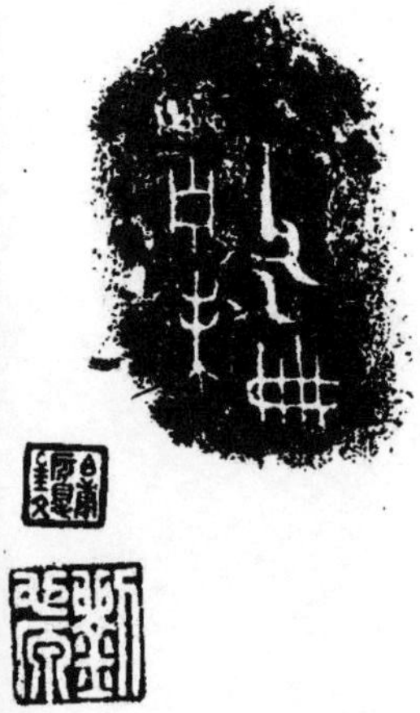

亡未父乙冊

右潘文勤師器銘五字盉文同宀詳父丁彝宀未當是人名

戈卬盉

器文 戈卬作父丁彝

盉文 釋同前

右陳壽卿器銘六字蓋文同戈姓卬名卬从丅說文部首下作丅即此从㔾即㔾當邑省疑卬字也或釋子干二字非姓譜戈夏時戈國之後

伯矩盉

伯矩作寶尊彝

右張筱農器送黃冉同藏本橅入銘六字伯矩敢作桓較明

史孔盉

史孔作
和盉子=孫=
永寶用

右壽卿器銘九字子孫重文二史官孔名猶左傳宰孔也和用爲盉

陳純釜

陳猷立事歲
○月戊寅始
莰安陵○命
左關平發敕
成左關之釜
節于○釜敲
者曰陳純

陳純釜

廿三

右陳壽卿器銘三十四字月上一字殘僅存酎字攷説文酎下引明堂月令曰孟秋天子飲酎今礼記在孟夏月段注云秋當作夏是也此云酎月乃四月也漢書景帝紀注正月旦作酒八月成名曰酎是八月亦可名酎月也尒足十二月之名自陬至涂多不見經史此銘酎月乎禾子釜稷月名又不同良由謠俗異語也此以陳猷立事之歲爲紀与子禾子釜同例釜字从缶字書不載敦者謂治此事者詩閟宮箋訓敦爲治是其義

子禾子釜

○○立吏(事)歲禝月丙午子禾子

○○內(納)者(諸)御○○○命○陳具

左關釜節○○○關鍨節○○

釬關人築桿戚釜閑○○○外

○釜而車人制之而○○○退

○闆人不用命則○○○○人

○○六其吏中荆○贖吕○鈞

○○大○斥（厥）辟○○贖吕○○

○○告于大吏○○工闆之釜

右陳壽卿器銘百又八字文多剝蝕大意是斛準嘉量与陳純釜同禪當是禝集韻禝通稷棄古者仲春祀社稷此云禝月乃二月也丙从冂从火說文裁重文作灾即此通訓吕許為誤而遂灾為丙之古文今觀此銘足證朱說之精然穆公鼎降灾喪于上國已用為裁不得謂許為誤此蓋如成戌在甲貝鼎之類古剢同形通用但當隨文讀之耳鋘說文作𣏒云兩刃臿也从木丫象形宋魏曰苿也重文作釫云或从金从亏（亦作釪）五辰切玉篇鏵胡瓜切鏵鍫也釫同鏵廣韻釫兩刃鍤也鋘

鋘鍪鏵同鋘是鋘芣釪鏵同字皆謂鍤也吾聞陳氏得此釜及鋘於膠西靈山衛古城鋘形如半匏有流銘曰左關之鋘佀為飲食之器博古圖宋君夫人鼎銘釪鼎釪与鼎連文其非鍤也明矣則从鼎即鼎字鈞从旬說文鈞古文作銞即此

左關鋘

左關之鋘

子禾子釜　左關鋘

右陳壽卿器銘四字詳尊器

啓盌一　初拓此乃係一種孟相打泥文

右里

啓鋬

右陳壽卿器銘四字右里地名啓人名

啓盌二

右里
啓鋬

右陳壽卿蓋銘四字詳前器

齊侯盂

齊侯作賸○
○孟姜盥盂
用旂賢壽萬
年無彊它〻配〻
男女無期子
孫永保用之

右盛伯羲器銘三十字它配重文二釋詳齊侯敦向見此器在都市其身長圓而淺有流四足侶匜賈人遂名之曰匜而銘云玗盂古刻于字多作玗（詳琱鼎）此从玗即于吾則从于〻為卩亾是邦則此銘為盂決非盥字矣